THE FORBIDDEN CITY

紫禁城

研究出版社

图书在版编目（CIP）数据

紫禁城：汉英对照 ／ 旅舜主编．—北京：研究出版社，2009.2
ISBN 978-7-80168-449-3

Ⅰ．紫…
Ⅱ．旅…
Ⅲ．故宫—画册
Ⅳ．K928.74-64

中国版本图书馆CIP数据核字（2009）第 017496号

本画册为中、英、日、韩、俄、法、德、意、西九国文字对照

编　著	旅舜	**Editor in Chief** Lü Shun
责任编辑	之 眉　黄慎如	**Managing Editor** Zhi Mei Huang Shenru
执行编辑	余泯然　周 颖	**Executive Editor** Yu Minran Zhou Ying
摄　影	张肇基　吴健骅	**Photographers** Zhang Zhaoji Wu Jianhua
	王慧明　王文波	Wang Huiming Wang Wenbo
封面设计	帅 芸	**Cover Designer** Shuai Yun
版式设计	廖亚平	**Computer Layout** Liao Yaping

本书部分图片由Getty Images和phototime.cn提供

紫禁城　*The Forbidden City*

出　版　研究出版社
编　著　北京精典博雅旅游图书有限公司
开　本　787 × 1092 mm　12开
印　张　8
印　数　1—5000
版　次　2009年5月第一版第一次印刷
书　号　978-7-80168-449-3
http://www.旅游图书.cn

Published by Yan Jiu Publishing House
Edited by Beijing Jingdian Boya Traveling Book Co., Ltd
Format: 787 × 1092 mm 1/12
Printed Sheet: 8
Impression: 5,000
Printed Order: First Impression & First Edition in May, 2009
ISBN: 978-7-80168-449-3
http://www.jdbybook.com

0006000

如发现质量问题，请致电13371611472联系调换

前 言
P r e f a c e

故宫博物院原称紫禁城，是明清两朝的皇宫，自明朝永乐皇帝朱棣修建紫禁城起，至1911年清逊帝溥仪退位的近五百年里，先后共24位皇帝在此居住。紫禁城始建于明永乐四年（1406年），永乐十八年（1420年）建成，先后历时15年。整座皇宫共动用了十万名优秀工匠和上百万的劳动力，其规模之大、气势之宏伟在中国建筑历史上都是十分罕见的。

紫禁城以一条纵贯南北的中轴线为中心对称分布，其平面为长方形，占地面积为72万平方米。紫禁城四周建有高10米的城墙，城墙的四角上各建一座造型独特的角楼，城墙外有一条52米宽的护城河，构成了一道牢固的防卫屏障。城墙四面各有一座城门，南面为午门，北面为神武门，东面为东华门，西面为西华门。紫禁城内建有雄伟的宫殿、开阔的广场、精美的楼阁以及别具匠心的花园。

紫禁城的建造涵括了中国古代劳动人民高超的建造技术和灿烂的文化艺术，既包含了封建礼教等级观念，又充分体现出古代阴阳五行学说。午门为紫禁城正门，在午门南面，太庙和社稷坛东西对称分布。午门以北的宫殿建筑分为外朝和内廷。在阴阳五行观念中，方位以前为阳后为阴，代表阳的外朝，以太和殿、中和殿、保和殿为中心，左右附有文华殿和武英殿，是皇帝处理朝政、举行重大典仪的地方；代表阴的内廷以乾清宫、交泰殿、坤宁宫为中心，左右配有东、西六宫及宁寿宫区、养心殿、慈宁宫，北至皇宫尽头的御花园，是帝后、嫔妃们及其他皇宫成员日常居住、生活的地方。整座皇宫的建筑按照古代宫殿建筑"左祖右社"、"前朝后寝"的形制布局。

皇宫的名称为紫禁城，其中包含着封建社会"天人合一"的思想，也与中国古代哲学和天文学有关。古代天文学把恒星分为三垣、二十八星宿，其中紫微垣（北极星）处于中天，位置永恒不变，是所有星宿的中心。因此人们把紫微星视为天帝所居，称为紫宫，有"紫微正中"之说。封建皇帝自称是真龙天子，而他们所居住的皇宫，也被比喻为紫宫，象征四方归顺、江山稳固不变。皇帝贵为九五之尊，所居住的皇宫富丽堂皇且戒备森严，不允许平民百姓接近，是绝对的禁地，又称为禁城。因此明清两代的皇宫被称为"紫禁城"。

清朝灭亡后，1925年故宫博物院成立，经过统计整理，故宫的文物总数近百万件，包括三代鼎彝、远古玉器、唐宋元明的书法名画、宋元陶瓷、珐琅、漆器、金银器、竹木牙角匏、金铜宗教造像以及大量的清代帝后妃嫔服饰、衣料和家具等。此外，还有大量图书典籍、文献档案。新中国成立以来，故宫内的宫殿建筑得到了更好的维护和修缮。1961年，故宫博物院被列为全国重点文物保护单位。1987年联合国教科文组织又将故宫列为"世界文化遗产"。这座古老而又宏伟皇家宫殿，向广大中外游客展现出了中华民族悠久深远的历史和灿烂辉煌的文化，被誉为"世界五大宫殿之一"。

The Palace Museum or the Forbidden City, used as the royal palace in the Ming and Qing dynasties, was home to 24 emperors for as long as 500 years from 1406 when Emperor Chengzu of Ming started its construction to 1911 when Puyi, the last emperor of the Qing Dynasty, abdicated. Starting in the fourth year of Emperor Yongle's reign (1406), the construction lasted 15 years, involving around 100,000 skilled technicians and millions of labor force. Its large scale and imposing effect is rarely seen in China's architectural history.

The Forbidden City, forming a rectangle in shape, covers a total area of 720,000 square meters, with halls spreading out in an orderly manner alongside the central axis line which goes through from south to north. On its four sides stand 10-meter-high walls, and at each of its four corners sits a corner tower. Outside the walls runs the 52-meter-wide moat, composing a strong defense work. It has four gates, namely, Wu Men (Meridian Gate) in the south, Shenwu Men (Gate of Martial Spirit) in the north, Donghua Men (East Flowery Gate) in the east and Xihua Men (West Flowery Gate) in the west. Inside the Forbidden City are magnificent palaces, broad squares, fine pavilions, original gardens, and etc.

The structure of the Forbidden City reflects the superb construction art and splendid cultural art of ancient Chinese people, indicating the feudal hierarchy and the traditional theory of yin-yang and Five Elements. Wu Men (Meridian Gate) is the front gate, to the south of which the Imperial Ancestral Temple (known as Beijing Working People's Culture Palace today) and the Temple of Earth and Grain (known as Zhongshan Park today) are located symmetrically on the east and west. The palace complex to the north of Meridian Gate is divided into the Outer Court and the Inner Court. According to the traditional theory of yin-yang and Five Elements, the front was yang, the back was yin. The Outer Court, representing yang and centered on Taihe Dian (Hall of Supreme Harmony), Zhonghe Dian (Hall of Middle Harmony), and Baohe Dian (Hall of Preserving Harmony), as well as Wenhua Dian (Hall of Literary Glory) and Wuying Dian (Hall of Martial Valor), was where the emperor handled state affairs and held grand ceremonies. The Inner Court, representing yin and centered on Qianqing Gong (Palace of Heavenly Purity), Jiaotai Dian (Hall of Union and Peace) and Kunning Gong (Palace of Earthly Tranquility), as well as Six Eastern Palaces, Six Western Palaces, and Yu Hua Yuan (Imperial Garden) at the north end of the imperial palace, was where the emperor, empress and imperial concubines lived. The layout of the whole complex is strictly in line with China's royal architectural tradition.

The name of the Forbidden City is related to the concept of "Human and Nature in One" in Chinese feudal society and China's ancient philosophy and astronomy, according to which, there were three enclosures and 28 stars in the universe, of which the Purple Forbidden Enclosure (Polaris), thought to be in the middle of all stars, was seen to be the place where heavenly emperor lived and was called Purple Palace. The emperor regarded himself as the Son of Heaven, and the royal palace was called Purple Palace, symbolizing that all is submitted to the emperor and the rule over the country is steady and unchangeable. The palace, splendid and sumptuous, had tight security, and the access of ordinary people was completely forbidden, so it was also called the Forbidden City. Thus it was called the Purple Forbidden City in the Ming and Qing dynasties.

After the Qing Dynasty was destroyed, the Palace Museum was established in 1925. After checking, around one million pieces of relics were collected, including Ding (the ancient cooking vessel), Yi (the ancient wine vessel), jades, calligraphy and paintings of Tang, Song, Yuan and Ming dynasties, chinawares of Song and Yuan dynasties, enamel wares, lacquerwares, gold and silver items, bamboo and ivory carvings, religious statues, as well as clothes and furniture used by emperors, empresses and concubines. Additionally, there were a lot of books, classics, and document files. Since the People's Republic of China was founded, the halls and palaces have been well protected and preserved. In 1961 the Forbidden City became one of the key units for preservation of cultural relics. Moreover, in 1987 UNESCO included the Forbidden City on its World Heritage List. This ancient and magnificent architectural complex, famed as one of the Five Palaces in the world, displays its historical and cultural beauty to all visitors home and abroad.

前書き

故宮博物院は以前の名を紫禁城といい、明・清2代の王朝の宮殿であり、明の永楽帝朱棣が紫禁城を建築したときから、1911年に清の最後の皇帝溥儀が退位するまでの500年間、計24人の皇帝がここで暮らした。紫禁城は明の永楽4年(1406年)に建設が始められ、永楽18年(1420年)に15年の歳月をへて完成した。これらの宮殿は10万人の優秀な大工と100万人をこえる労働者によってつくられ、大規模で豪華な、中国史上稀に見る建築物である。

紫禁城は南北を貫く中軸線を中心に、対称に分布している。平面の形は長方形で、敷地面積は72万平方メートルである。紫禁城の周囲は高さ10メートルの城壁に囲まれ、城壁の四隅にはそれぞれ独特な形をした角楼があり、城壁の外にはさらに52メートルの幅の堀があり、堅固に城を護っている。城壁の各辺にはそれぞれ城門があり、東を東華門、南を午門、西を西華門、北を神武門という。紫禁城内には雄大な宮殿が建ち並び、広大な広場があり、美しい楼閣と園丁が工夫をこらしてつくった花園がある。

紫禁城には、中国のかつての工人たちの高度な建造技術と燦爛たる文化芸術が内包されており、封建的礼教概念や古代陰陽五行説の風水学説などもふんだんに含まれている。午門は紫禁城の正門で、南に面しており、太廟(皇帝の祖先をまつる廟)と社稷壇(皇帝が土地の神と五穀の神を祀った場所)が東西に対称に分布している。午門よりも北にある宮殿建築は外朝と内廷に分けられ、陰陽五行説では陽のうしろに陰があるとされているため、陽の代表とされる外朝は、太和殿、中和殿、保和殿を中心にして、左右に文華殿・武英殿があり、皇帝が政治をとりおこない、重大な行事を行う場所となっている。陰を代表する内廷には、乾清宮、交泰殿、坤寧宮を中心として左右に東・西六宮と寧寿宮区、養心殿、慈寧宮、北の宮殿のいちばん背後には、皇帝や后、嬪妃など、そして皇宮にいる人々が、日常的に居住・生活していた空間である御花園がある。すべての皇宮の建物は古代宮殿建築の伝統に照らして「左に祖廟、右に社稷」「前方が朝廷で後方が寝殿」という形の配置となっている。

皇宮の名称は紫禁城といい、封建社会における「天と人の合一」という思想や身分の貴賎の考え方を含んでいる。古代の天文学では恒星を3つの恒星と28の星宿(星座)に分け、そのなかでも紫微星垣(北極星)はちょうど天の真ん中にあり、永久に位置が変わらないことから、すべての星宿の中心である。このため、人々は紫微星を天帝のいるところだと考え紫宮と呼び、「紫微が中央にいる」と言った。封建的な皇帝は「竜の子」を自称し、彼らの居所である皇宮も紫宮にたとえられ、四方の国々の帰順や国土の安定と不変を象徴した。皇帝は九五の尊といわれて尊ばれ、その居住する皇宮は華麗で雄大、警備が厳重で、平民が近づくことが許されない絶対の禁じられた場所であり、禁宮とも称された。このため明清両代の皇宮は「紫禁城」と呼ばれたのである。

清朝が滅んだのち、1925年に紫禁城に故宮博物院が建立され、清朝が残した大量の貴重な文化財が整理された。それらの中には三代鼎彝(夏商殷という古代三王朝の鼎や酒器)、古い玉器、唐宋元明代の書画、宋元代の陶磁器、エナメルの器、漆器、金や銀の器、竹や木や動物の牙や角、フクベの器、金や銅の宗教的な銅像、大量の清代の皇帝や后妃などが着ていた衣服や装飾品、布や家具などが含まれる。そのほか、大量の書籍、文献や公文書などもある。新中国が成立したのち、故宮内の宮殿建築がきちんと保護され修理されるようになり、文化財も点検整理され、その総数は百万件近いことが判明した。1961年、故宮博物院は全国重点文化財に指定され、1987年にはユネスコの「世界文化遺産」に登録された。この古くて広大な宮殿は、多くの観光客に中華民族の悠久で深遠なる歴史と燦爛たる文化を示し、「世界五大宮殿のひとつ」と賞賛されている。

머리말

고궁박물관은 원래 자금성 (쯔진청)이라고 불렸다. 명나라 영락황제 주체가 자금성을 짓기 시작해서부터 1911년 청나라 부의가 퇴위하기까지 500여년간 24명의 황제가 살던 곳이다. 자금성은 영락4년(1406년)부터 영락 18년(1420년)까지 15년간 100만 명의 인부가 이 공사에 동원됐다. 그 규모와 기세는 중국역사에서도 아주 희소한 것이다.

자금성은 남북으로 관통된 중축선을 대칭으로 건축물이 분포되었다. 평면구조는 장방형으로 면적은 72만㎡이다. 자금성의 주변에는 높이 10m의 성벽이 둘러있으며 네 모퉁이에는 각누가 설치되어 있다. 성벽밖에는 넓이 52m되는 호성하 (護城河)라는 해자(垓字)를 팠는데 방위상의 목적을 가지고 있다. 성벽의 사면에는 각각 성문이 하나씩 있다. 동쪽에는 동화문(東華門), 서쪽에는 서화문(西華門), 남쪽에는 오문(午門), 북쪽에는 신무문(神武門)이 있다. 자금성에는 웅위한 궁전, 넓은 뜰, 아름다운 각누와 화원이 건축되어 있다.

자금성은 중국고대 근로자들의 높은 건축기술, 찬란한 문화적 예술 가치와 봉건예교등급 관념, 고대 음양오행의 풍수학을 체현하고 있다. 오문은 자금성 정문으로 남쪽에는 태묘(太廟)와 사직단(社稷壇)이 대칭되어 있다. 오문 북쪽의 궁전은 외조(外朝)와 내정(内廷)으로 나뉜다. 음양오행설에서 방위는 앞은 양, 뒤는 음으로 구분된다. 양을 대표하는 외조는 태화전, 중화전, 보화전을 중심으로 좌우에 문화전과 문영전이 있는데 황제가 조정을 보고 중대한 의식을 거행하던 곳이다. 음을 대표하는 내정은 건청전, 교태전, 곤녕궁을 중심으로 좌우에 동서6궁과 영수궁구역, 양심전, 자녕궁과 북쪽 황궁의 끝까지 뻗은 어화원이 있는데 제후와 비빈 및 기타 황궁 성원들이 일상생활을 진행하던 곳이다. 전체 황궁의 건축은 좌조우사(左廟右社), 전조후침(前朝後寢)의 고대 궁전 건축 원칙에 따라 건축한 것이다.

자금성이라는 이름은 봉건사회의 '천인합일'의 등급사상이 포함되어 있다. 고대 천문학에서는 항성(恒星)을 삼원(三垣)으로 나누었고, 주위를 28수(宿)가 둘러싼 것으로 하였는데 그 중에서 자미성원(紫微星垣, 즉 북극성)은 하늘의 중간에 위치해 있고 모든 성수(星宿)의 중심이었다. 사람들은 자미성원에 천제가 살고 있다고 생각하며 자궁(紫宮)이라고 부르며 '자원정중(紫垣正中)'이라는 의미를 가지고 있다. 봉건황제는 하늘의 아들로 지고무상한 권력을 가지고 있다. 자금성은 '천자의 궁전은 천제가 사는 '자궁(紫宮)'과 같은 금지 구역(禁地)과 같다'는 데에서 유래된 것이다

청나라가 멸망된 후 1925년 자금성에 고궁박물관을 설립하였다. 박물관에는 대량의 청나라 문물을 수장하였는데 3대(代) 종묘 제기[정이(鼎彝)], 원구시기의 옥기, 당·송·원·명 시기의 서법작품과 그림, 송·원 시기의 도자기, 범랑, 칠기, 금, 은 제품 및 금,동으로 만든 종교 조상(造像), 청나라 후비들이 착용하였던 복장과 장식품 및 그들이 사용하였던 가구 등이 포함된다. 그 밖에 대량의 책자와 문헌들이 있다. 새 중국이 성립된 후 고궁의 건축은 더욱 훌륭한 보수와 수건을 진행하였으며 고궁의 문물 총수는 백만건에 달한다. 1961년 고궁박물관은 중국 국가급 중점문물보호업체로 지정되었으며 1987년에는 "세계문화유산"으로 지정되었다. 화려하고 웅대한 자금성은 해내외 유람객들에게 중화민족의 유구한 역사와 찬란한 문화를 자랑하고 있으며 "세계5대궁전"의 하나에 속한다.

Vorwort

Der Kaiserpalast, auch die Purpurne Verbotene Stadt genannt, befindet sich in der Mitte Beijings und war die Residenz der Kaiser der letzten feudalen Dynastien Ming und Qing. In nahe 500 Jahren, vom Einzug Zhu Dis in den Palast (1420) bis zum Sturz des letzten Qing-Kaisers Pu Yi durch die Revolution von 1911, regierten 24 Kaiser von hier aus das Reich der Mitte. Im 4. Jahr (1406) der Yongle-Regierungsperiode begann der Ming-Kaiser Zhu Di mit dem Bau dieses Palastes. Bis zur Fertsigstellung des Bauwerkes im 18. Jahr (1420) der Yongle-Regierungsperiode dauerten die Bauarbeiten 15 Jahre lang. Baukosten und Bauaufwand des Kaiserpalastes sind nahezu unvorstellbar. Historischen Aufzeichnungen zufolge nahmen 100 000 Handwerker und eine Million Fronarbeiter an den Bauarbeiten teil. Mit einer Fläche von 720 000 Quadratmetern ist der Kaiserpalast der größte und vollständigste erhaltene alte Baukomklex der Welt.

Der Kaiserpalast hat eine in süd-nördlicher Richtung führende Mittellinie. Alle Hauptbauten liegen auf dieser Mittelachse. Dieser viereckige Baukomplex ist links und rechts symmetrisch und in bester Anordnung. Er hat eine 10 m hohe und 3,5 km lange Stadtmauer. An jeder der vier Mauerecken gibt es einen eigenartigen Wachtturm. An jeder der vier Seiten der Stadtmauer gibt es ein Stadttor. Das Osttor heißt Donghuamen, das Südtor Wumen, das Westtor Xihuamen und das Nordtor Shenwumen.

Der Kaiserpalast ist in drei Teile gegliedert: den Außenhof, den Innenhof und den Palastgarten. Der Außenhof mit den drei Haupthallen Taidedian (Halle der Höchsten Harmonie), Zhonghedian (Haller der Vollkommenen Harmonie) und Baohedian (Halle der Erhaltung der Harmonie) als Mittelpunkt liegt im Südteil. Hier empfing der Kaiser hohe Beamte, übte seine Macht aus und hielt wichtige Zeremonien ab. An der linken und rechten Seiten dieser drei Haupthallen liegen die Wenhuadian (Halle der Literarischen Blüte) und Wuyingdian (Halle der Militärischen Tapferkeit). Hinter dem Außenhof liegt der Innenhof, wo der Kaiser mit seinen Familienangehörigen lebte und laufende Staatsangelegenheiten erledigte. Der Innenhof besteht aus den drei Hauptpalästen Qiangqinggong (Palast der Himmlichen Reinheit), Jiaotaidian (Halle der Berührung von Himmel und Erde) und Kunninggong (Palast der Irdischen Ruhe), den sechs östlichen und den sechs westlichen Palästen, der Yangxindian (Halle zur Bildung der Gefühle), den Palästen Ningshou und Cining. Der Palastgarten liegt im Norden des Innenhofes. Er ist nicht allzu groß, aber schön un ideal plaziert, mit uralten Kiefern und Zypressen, Blumen und Bambus, künstlichen Felsanlagen und Springbrunnen, Lauben und Pavillons.

In alten Zeiten glaubten die Chinesen an die Lehre von Yin und Yang (nach der chinesischen Philosophie und Medizin die beiden entgegengesetzten Prinzipien der Natur mit Yin als weiblichem und negativem und Yang als männlichem und positivem Element) und an die Fünf Elemente (Metall, Holz, Wasser, Feuer und Erde, nach alter Auffassung Grundbestandteile der materiellen Welt, aus deren Zusammenwirken die traditionellen chinesische Medizin die physilogischen und pathologischen Erscheinungen erklärt). Während des Baus des Kaiserpalastes wurde diese Lehre auch in Anwendung gebracht.

Der Kaiserpalast zeichnet sich durch seine imposante Ausstattung und seine strenge Planung, die integrierte und symmetrische Anordnung des gesamten Baukomplexes aus. Er ist eine große Schatzkammer. Hier werden eine Million kostbare Kulturgegenstände aus verschiedenen Dynastien gesammelt, darunter Ding (antike Kochgefäße mit zwei Handgriffen und drei oder vier Beinen), Jadewaren, malerische und kalligrafische Werke aus den Dynastien Tang, Song, Yuan und Ming, Porzellanwaren, Lackwaren,

Gold-, Silberwaren, Golg- und Bronzebuddhafiguren aus den Dynastien Song und Yuan sowie Kleider und Möbel aus der Qing-Dynastie. Im Jahre 1925 wurde der Kaiserpalast zum Palastmuseum erklärt und im Jahre 1961 unter Denkmalschultz gestellt. Im Jahre 1987 wurde er von der UNESCO in die Liste des Weltkulturerbes aufgenommen. Heute ist er als einer der fünf großen Paläste der Welt bekannt.

Avant-propos

Le Musée du Palais impérial, appelé à l'origine la "Cité interdite", était le palais impérial des dynasties des Ming (1368 – 1644) et des Qing (1644 – 1911). Depuis son achèvement sous le règne Yongle de l'empereur Chengzu, Zhu Di, des Ming jusqu'à l'abdication en 1911 de Pu Yi, empereur Xundi des Qing, 24 empereurs y vécurent pendant presque 500 ans. Les travaux durèrent 15 ans de l'An 4 à l'An 18 du règne Yongle de l'empereur Chengzu des Ming, à savoir de 1406 à 1420 selon le calendrier grégorien. Pour sa construction, quelque 10 000 artisans habiles et un million de travailleurs furent mobilisés. Cet ensemble palatial est impressionnant par ses travaux de grande envergure et la magnificence de ses édifices comme on en a rarement enregistré dans l'histoire de la Chine.

La Cité interdite occupe une surface rectangulaire de 720 000 mètres carrés. Ses bâtiments sont symétriquement disposés sur un axe central qui la traverse du sud au nord. L'ensemble est entouré par un mur d'enceinte de 10 mètres de haut surmonté à chacun de ses quatre angles d'une tour d'angle de forme originale et par les douves de 52 mètres de large sur son pourtour. Le mur d'enceinte et les douves constituent une barrière de défense fiable. Chaque côté de son mur d'enceinte est percé d'une porte : la porte Donghua à l'est, la porte du Méridien (Wumen) au sud, la porte Xihua à l'ouest et la porte de la Fierté divine (Shenwumen) au nord. La Cité interdite abrite des palais majestueux, des esplanades larges, de beaux pavillons et des jardins de style qui leur est propre.

La réalisation de la Cité interdite témoigne de la grande dextérité des anciens travailleurs chinois dans la construction et d'une brillante civilisation antique développée en Chine. Elle a traduit à la fois l'idéologie hiérarchique de la monarchie féodale et les théories de la géomancie, du Yin et du Yang, deux principes contrastés et opposés de l'unique réalité cosmique, et des cinq éléments : eau, feu, bois, métal et terre, répandues en ancienne Chine. La porte du Méridien est la porte principale de la Cité interdite, au sud de laquelle sont symétriquement disposés le temple des ancêtres de la famille impériale (Taimiao) et l'Autel de la Terre et du Grain (Shejitan). Les palais au nord de la porte du Méridien sont répartis en deux groupes : cour extérieure et cour intérieure. Selon la notion du Yin et du Yang et celle des cinq éléments, la position antérieure représente le Yang, tandis que celle de derrière, le Yin. Avec la Salle de l'Harmonie suprême (Taihedian), la Salle de l'Harmonie parfaite (Zhonghedian) et la Salle de l' Harmonie préservée (Baohedian) pour édifices principaux, et le Palais de la Culture (Wenhuadian) et le Palais des Prouesses militaires (Wuyingdian) des deux côtés pour bâtiments annexes, la cour extérieure qui représente le Yang servait à l' empereur à régler les affaires d'Etat et à présider les grandes cérémonies officielles. La cour intérieure qui représente le Yin est constituée par le Palais de la Pureté céleste (Qianqinggong), la Salle de l'Union (Jiaotaidian) et le Palais de la Tranquillité terrestre (Kunninggong), disposés le long de l'axe central, les Six Palais de l'Est, les Six Palais de l'Ouest, ainsi que le Palais

de la Tranquillité et de la Longévité (Ningshougong), la Salle de la Nourriture de l'esprit (Yangxindian), le Palais de l'Affection et de la Tranquillité (Cininggong) et le Jardin impérial à l'extrémité nord. A l'époque, y logeaient l'empereur, l'impératrice, les concubines et les autres membres de la famille impériale. Tous les bâtiments du Palais impérial se disposent selon les principes dits "la gauche consacrée au culte des ancêtres et la droite réservée à la construction symbolisant l'Etat" et "les bâtiments administratifs devant ceux d'habitation", observés dans la construction des palais au temps jadis.

Le nom du palais impérial, Cité interdite, comporte le concept d'union de l'homme et du ciel et l'idéologie hiérarchique de la société féodale. Les anciens astronomes chinois divisaient les étoiles en trois amas stellaires comprenant 28 Mansions dont l'Etoile pourpre (étoile polaire) occupe constamment le centre du ciel et dont elle ne s'est jamais déplacée, raison pour laquelle les gens pensaient qu'elle devrait être habitée par le souverain du ciel et la dénommèrent "Palais pourpre". Dans la société féodale, l'empereur se prétendait "fils du ciel" et son palais résidentiel était qualifié de "palais pourpre", symbolisant la soumission de tout le peuple et la stabilité de son pouvoir. Le palais impérial, splendide et somptueux, était sur le qui-vive. Il interdisait absolument que le peuple s'en approche, c'est pourquoi on donna le nom de "Cité pourpre interdite" au palais impérial des dynasties des Ming et des Qing.

Après la chute de la dynastie des Qing, on créa en 1925 le Musée du Palais impérial dans la Cité interdite. Le recensement révèle qu'il possède un grand nombre d'antiquités précieuses laissées par la dynastie des Qing, comme par exemple les vases tripodes ou quadripodes (Ding) des trois premières dynasties (Xia, Shang et Zhou), les jades de la haute antiquité, les calligraphies et les peintures des Tang, Song, Yuan et Ming, les porcelaines, les émaux cloisonnés, les laques, les pièces d'or et d'argent, les objets de bambou, bois, ivoire, corne et gourde, et les statues en or ou en bronze des Song et des Yuan, ainsi que les vêtements, les tissus et les meubles des empereurs, impératrices et concubines des Qing. Par ailleurs, on a recensé une quantité de livres, documents et archives. Après la fondation de la Chine nouvelle, le Palais impérial a été réparé à maintes reprises et mieux protégé. D'après les statistiques, la collection compte presque un million de pièces. En 1961, le Musée du Palais impérial fut mis au rang des principaux sites et monuments historiques dont l'Etat se charge de la conservation et en 1987, il fut inscrit sur la Liste du Patrimoine mondial par l'UNESCO. Ce palais impérial magnifique, considéré comme un des cinq grands palais du monde, permet aux visiteurs de découvrir la longue histoire et la brillante civilisation de la nation chinoise.

Предисловие

Музей Гугун еще называется Цзыцзиньчэн (Пурпурный Запретный город). Эта бывшая резиденция императоров династий Мин и Цин. С того, как минский император Чжуди построил Запретный город до того, как последний цинский император Пу И отрекся от престола, в течение 500 лет здесь прожили всего 24 императора. Начали строить Запретный город в 1406 г. В 1420 строительство его завершилось. 100 тыс. лучших ремесленников и миллионы рабочей силы участвовали в строительстве этого дворца. По масштабности он не знает себе равных в истории Китая.

План Запретного города – прямоугольный. Общая площадь его – 72 тыс. квадратных километров. Сооружения расположены симметрично около центральной оси, тянущейся с юга на север. Со всех сторон он обнесен высокой городской стеной высотой 10 м. с четырьмя своеобразными угловыми башнями, вокруг стены вырыт широкий городской ров, наполненный водой.

Ширина рва составляет 52 м. На четырех сторонах стены есть четыре вороты: Дунхуамэнь на востоке, Умэнь на юге, Сихуамэнь на западе и Шэньумэнь на севере. Внутри Запретного города были построены величественные павильоны, широкие площади, изящные терема, беседки и уникальный сад.

В Запретном городе отражается и феодальная сословная идея и учение фэншуй. Ворота Умэнь являются парадными воротами Запретного города. На юге к Умэнь храм Таймяо на востоке и алтарь Шэцзитань на западе расположены симметрично. Сооружения на севере к Умэнь разделяются на внешние павильоны и внутренние резиденции. Согласно учению фэншуй сооружения передние относятся к «ян», а задние – к «инь». Внешние павильоны, относящиеся к «ян», включающие павильоны Тайхэдянь, Чжунхэдянь и Баохэдянь в центре и павильоны Вэньхуадянь и Уиндянь на востоке и западе, предназначались для проведения важнейших государственных и придворных церемониалов. Внутренние резиденции, относятся к «инь ». Павильоны Цяньцингун, Цзяотайдянь и Куньнингун в центре, павильоны Ниншоугун, Янсиньдянь, Цынингун, двенадцать павильонов на востоке и западе и императорский сад на севере Запретного города являются местом проживания императриц, наложниц и детей императоров.

В древней астрономии звезды разделяются на 3 юань (юань является сравнительно широким районом, где есть много созвездий) и 28 синсю (созвездие). Цзывэйсин, один из трех юаней, находится в самом центре неба и является центром всех созвездий. Поэтому люди считали, что на Цзывэйсин проживают небесный царь, и назвали его Цзыгуном (пурпурный дворец). Феодальные императоры считали себя сыновьями дракона. Дворец, где они жили, были названы Цзыгуном. Плюс, запретили простого народа приблизиться к великолепному императорскому д ворцу. Поэтому императорский дворец при династиях Мин и Цин называется Цзыцзинчэн (Пурпурный Запретный город).

После гибели династии Цин в 1925 г. в Запретном городе был создан музей Гугун. Через пересчет, заметили, что здесь имеются большое количество ценных памятников, включая нефритовые изделия глубокой древности, каллиграфии и известные картины династий Тан, Сун, Юань и Мин, сунская и юньская керамика, эмали, лаковые изделия, золотые и серебряные изделия, религиозные статуи из золота и меди, еще и многочисленные одежды цинских императриц, ткани, мебели и т.д. Кроме того, еще есть большое количество книг, литературных памятников и архивов. После образования КНР, сооружения в Запретном городе были хорошо охранены и ремонтированы. После статистики общая сумма культурных памятников в Гугуне – около миллиона штук. В 1961 г. музей Гугун был занесен в памятники культуры Китая. В 1987 г. он был занесен ЮНЕСКО в реестр объектов мирового культурного наследия. Этот древний и великолепный императорский дворец показывает китайским и иностранным туристам длинную историю и блестящую культуру Китая. Он еще называется одним из 5 мировых дворцов.

Premessa

Fatta edificare dall'imperatore Zhu Li, della dinastia Ming, la Città Proibita era il palazzo imperiale durante le dinastie

Ming e Qing: per circa 500 anni, fino all'abdicazione dell' imperatore Puyi, della dinastia Qing nel 1911, fu la residenza dei 24 imperatori Ming e Qing. I lavori di edificazione iniziarono nel 1406, quarto anno del regno Yongle della dinastia Ming e furono completati 15 anni dopo, nel 1420. Ai lavori di costruzione parteciparono più di centomila persone fra abili artigiani e operai. Maestoso e prezioso complesso della storia dell'architettura cinese, la Città Proibita è unica per dimensioni e per la sua grandiosa imponenza. Gli edifici compresi al suo interno sono distribuiti simmetricamente lungo l'asse centrale in direzione sud-nord con l'accesso principale situato a sud, simbolo dell'imperatore, considerato il figlio del Cielo.

A pianta rettangolare, ricopre una superficie di 720.000 metri quadrati ed è circondata da un corso d'acqua largo 50 metri che ne delinea il perimetro racchiuso da mura alte 10 metri fornite a ciascun angolo di torri di guardia, che costituivano un importante elemento difensivo. Quattro portali di accesso, detti "men" in cinese, si aprono ciascuno in ogni lato delle mura: Donghuamen a est, Wumen (La porta Meridiana, il grande portale d'accesso) a sud, Xihuamen a ovest e Shenwumen (porta del Genio Militare) a nord. La Città Proibita racchiude al suo interno maestose sale cerimoniali, ampi spazi ciottolati, raffinati padiglioni e il gioiello dello splendido giardino imperiale.

La Città Proibita comprende tecniche di edificazione di alto livello, frutto del meticoloso lavoro di abili artigiani che hanno saputo combinare insieme la brillante cultura artistica della tradizione cinese e la concezione della classe feudale legata ai riti. Essa è anche la rappresentazione dell'antica filosofia dei due concetti indivisibili e complementari di *yin* (femminile) e *yang* (maschile) e dei cosiddetti *wu xing*, o cinque elementi: metallo, legno, acqua, fuoco e terra. La Wumen (porta Meridiana) è l'ingresso principale della Città Proibita, al cui lato meridionale si trovano il Taimiao (Tempio degli antenati Imperiali) e il Shejitan (l'Altare della Terra e dei Raccolti), disposti simmetricamente lungo l'asse est-ovest. Gli edifici a nord di Wumen si suddividono in due parti: la corte esterna e la corte interna. Secondo la filosofia dello *yin-yang* e dei cinque elementi, il sud corrisponde allo *yang*, il nord allo *yin*. La corte esterna, che rappresenta lo yang, è formata dalla Sala dell'Armonia Suprema, la Sala dell'Armonia della Perfezione, la Sala dell'Armonia Preservata e la Sala dello Splendore Letterario e del Valore Militare: tutti edifici destinati alle cerimonie, ai riti ufficiali, presso i quali gli imperatori trattavano gli affari di stato.

Gli edifici e le aree della Città Proibita che costituiscono la corte interna, che rappresenta lo *yin*, sono: la Sala della Purezza Celeste, la Sala della Grande Unione, la Sala della Tranquilità Terrena, i Sei Palazzi dell'Ovest, i Sei Palazzi dell'Est, il Palazzo della Quiete e della Longevità, la Sala del Perfezionamento dello Spirito, la Sala della Beneficienza e della Tranquillità e il Giardino Imperiale situato all'estremità settentrionale del complesso; tutti gl edifici destinati a residenze private dell'imperatore, dell'imperatrice, delle concubine e della famiglia imperiale.

L'intero complesso è in stile architettonico tipico degli antichi palazzi imperiali: con "il tempio a sinistra e l'altare a destra" e "la corte davanti e la residenza sul retro".

La Città Proibita comprende la concezione della società feudale di "Unione tra il cielo e gli esseri umani" e il concetto di classe sociale. Secondo gli antichi concetti dell'astronomia cinese, le stelle si suddividono in Sanheng e la costellazione di 28 stelle, in cui la posizione della stella polare in cielo è al centro di tutte le costellazioni, per cui era considerata la

residenza del Supremo Celeste ed era chiamava "Palazzo purpureo", da cui il modo di dire "la stella polare al centro". Gli imperatori feudali erano chiamati principi del Re del Drago, e la loro residenza, il palazzo imperiale era assimilato al Palazzo Purpureo, simbolo del loro potere immutabile. Il Palazzo purpureo è la residenza in cui il popolo non può accedere, da qui il nome del Palazzo imperiale di Città Proibita.

Dopo la caduta della dinastia Qing, nel 1925, la Città Proibita divenne il Museo del Palazzo imperiale. Dopo aver controllato, il museo ha conservato un gran numero di oggetti archeologici preziosi che includono antichi vasi rituali incisi con iscrizioni che commemorano le azioni valorose di uomini di morale delle tre antiche dinastie Xia, Shang e Zhou, antichi pezzi di giada, pitture e calligrafie delle dinastie Tang, Song, Yuan e Ming, porcellane delle dinastie Song e Yuan, oggetti e vasi smaltati, e oggetti laccati, in oro, argento, di bambù, di legno, d'avorio e di corno, statuine religiose in oro e in bronzo e un gran numero di capi d'abbigliamento delle imperatrici e delle concubine, stoffe, mobili, e ancora un gran numero di libri, documenti e archivi. Dopo la fondazione della Nuova Cina gli edifici della Città Proibita sono stati restaurati e messi sotto la protezione e la collezione del museo ha superato un milione di pezzi. Nel 1961, il Museo del Palazzo imperiale fa parte della lista degli edifici sotto la protezione statale di prima classe e nel 1987 è stata inserita nella lista dei patrimoni culturali mondiali dell'UNESCO. Antico e maestoso palazzo imperiale, la Città Proibita è uno dei cinque grandi palazzi imperiali del mondo, che rappresenta la lunga storia e la brillante cultura della Cina.

Prólogo

Museo del Palacio Imperial tiene un nombre original como la Ciudad Prohibida que sirvió como palacio imperial durante las dinastías Ming(1368 -1662) y Qing(1636-1911). En ella vivieron 24 emperadores durante un largo periodo desde que el emperador Yongle decidió la construcción de ella hasta que el emperador Puyi de la dinastía Qing se retiró del trono. La Ciudad Prohibida se construyó en el qinto año del reinado del emperador Yongle, de la dinastía Ming(1406) y terminó en 1420. la construcción llevó 15 años. En total cien mil artífices sobresalientes y millones de carpinteros participaron en la construcción del palacio. La gran escala y el palacio majestuoso e imponente son raramente visto durante la historia de China.

La ciudad prohibida se distribuye simétricamente con un eje central por el sur y el norte. Tiene la forma rectangular y ocupa una superficie de 720 mil metros cuadrados. Toda la ciudad está rodeada por una muralla de diez metros de altura, tiene cuatro torreones en los cuatro ángulos de las murallas de la ciudad. Las murallas está rodeada por un foso de 52 metros de ancho que constituye una barrera protectora firme. Las murallas cuenta con cuatro puertas, la puerta Donghuamen, en el este, la puerta Wumen, en el sur, la puerta Xihuamen, en el oeste, y la puerta Shenwumen, en el norte. Se hallan palacios majestuosos, plazas anchos, edificios exquisitos y jardines hermosos dentro del palacio.

La edificación de la Ciudad Prohibida contiene las mejores características de la arquitectura del pueblo antiguo de China y el arte y la cultura espléndida, incluye la ideología feudal también refleja completamente la ge omancia china como la doctrina del Yin-Yang y Wuxing(los cincos elementos). La Puerta Wumen(Puerta Meridional) es la puerta principal sur de la Ciudad Prohibida. El Templo Imperial de los Antepasados y el Templo de los Dios de la tierra se distribuyen simétricamente al sur de la puerta Wumen. Al norte de la puerta, los palacios están divididos principalmente en dos partes: la Corte Exterior y la Corte Interior. En la filosofía china,

las direcciones también contienen la doctrina Yin-Yang y Wuxing. La Corte Exterior es el símbolo del Yang (el principio masculino), tiene como centro palacios de Taihe(de la Armonía Suprema), Zhonghe(de la Armonía Central) y Baohe (de la Armonía Preservada), y otros dos palacios independientes al Este y Oeste, Wenhua y Wuying. La Corte Exterior servía para que el emperador administrara los asuntos del corte y presidiera las ceremonias importantes. La Corte Interior es el símbolo del Yin (el principio femenino), tiene como centro palacios de Qianqing(de la Pereza Celeste), Jiaotai(de las Relaciones Celeste y Terrestre) y Kunning(de la Tranquilidad Terrestre). A los dos lados del jardín imperial se encuentran los seis palacios del Este y Oeste, los Palacios de Ningshou(de Tranquilidad y Longevidad), Yangxin(de Cultivo Mental) y Cining(de Bondad y Tranquilidad). La Corte interior era el lugar donde el emperador despachaba los asuntos cotidianos del Gobierno y residían la emperatriz y las concubinas e hijos del soberano. Toda la construcción del Palacio Imperial conforma con la distribución de templo de "los antepasado está a izquierda y templo de dios, derecha", "el corte está adelante y pabellón, detrás"

El Palacio Imperial, conocido también como la Ciuda Prohibida, contiene la ideología feudal de "la armonía entre el cielo y el ser humano". Los astrónomos antiguos dividieron la constelación en grupos, Ziwei Yuan(Estrella Polar) estaba en el centro de todas las estrellas, nunca se cambió su situación. Entonces creemos que el dio de cielo vivía en la estrella Ziwei y se lo llamaba Palacio Púrpura. Como el emperador fue supuestamente hijo de dios de cielo, su posición central y dominante fuere sumamente destacados, el palacio que ellos vivían se denominó como Palacio Púrpura. El nombre significa la unidad y dominación. El palacio imperial fue espléndido también se prohibí que el pueblo común y corriente se acercó, fue un sitio prohibido absolutamente, se bautizó palacio prohibido. Por eso el palacio de las dinastía Ming y Qing tuvo el nombre como la Ciudad Prohibida.

Después de destrucción de la dinastía Qing, se estableció el Museo del Palacio Imperial dentro la Ciudad Prohibida en 1925. El museo cuenta con muchísimas reliquias preciosas que quedaron desde la dinastía Qing incluyendo a vasijas y vaso de vino de las dinastías Xia, Shang y Zhou, artículos de jade de la antigüedad remota, pinturas famosas de las dinastía Tang(618-907), Song(960-1279), Yuan (1271-1368) y Ming, cerámica, porcelana, esmalte y laca, objeto de oro y plata, Pao(objeto de artesanía tradicional macufacturada de calabazade penegrino) de bambú, marfil y cuerno, estatua religiosa de oro y cobre de las dinastías Song y Yuan y una gran cantidad de vestidos, materiales y muebles de las concubinas de la dinastía Qing. Además también se descubrieron muchos libros, archivos y documentos antiguos. Después de la fundación de la nueva China, la edificación de los palacios dentro de la Ciudad Prohibida fueron bien preservados y restaurados. Aproximadamente millones de relíquias en la Ciudad Prohibida fueron descubiertas después de calcular y arreglar. El gobierno lo designó al Museo del Palacio Imperial como el Sitio de Reliquia Cultura de Protección en 1961, en 1987 la UNESCO lo incluyó en su lista de Patrimonios Mundiales. El dicho palacio imperial antiguo y majestuoso muestra una historia de larga duración y espléndida y brillante cultura nacional a las turistas chinos y extranjeros. Fue nombrado como uno de "los cinco grandes palacios del mundo".

紫禁城

1

城池篇
City Structure

城壁と堀

성벽과 하자

**Die Stadtmauer und
der Stadtgraben**

Les remparts et fossés

Городская стена и ров

Le mura di cinta e il fossoto

Muralla y foso

角楼
Corner Tower
角楼
각루
Ecktürme
Les tours d'angle
Угловая башня
Le torrette di guardia
Torreones

自古皇宫建筑都十分坚固，称为"金城汤池"，作为明清两代皇宫的紫禁城也建有牢固的"汤池"。紫禁城四周建有高10米，长3.5公里的城墙，城墙平面呈梯形，上窄下宽，是皇宫外围的一道坚固的防御设施。

The wall of the imperial palace has been very solidly built since ancient times. The Forbidden City, the imperial palace of the Ming and Qing dynasties, also has strong defense system, with 10-meter-tall and 3.5-kilometer-long trapezoidal walls with narrower top and wider base surrounded around.

城壁と堀【日文】古代より宮殿建築はとても堅固にできていたため「金城湯池」と呼ばれ、明清両代の宮殿である紫禁城も、とても堅固な「湯池（熱湯をたたえた外堀の意）」をもっていた。紫禁城の周囲には高さ10メートル、長さ3.5キロの城壁が取り囲み、その形は上が狭く下が広い台形をしていて、宮殿の外側を守る堅固な防御設備となっている。

성벽과 하자【韩文】자고로 황궁의 건축은 아주 견고하여 금성탕지(金城湯池)로 불리고 있다. 명,청 두 조대의 황궁으로 자금성은 견고한 탕지(湯池)를 가지고 있다. 자금성의 주위는 높이 10m, 길이 3.5km인 성벽으로 둘러싸여 있다. 성벽의 횡단면은 제형으로 위가 좁고 아래가 넓으며 황궁을 에워싸고 있는 견고한 방어시설이다.

Die Stadtmauer und der Stadtgraben【德文】Schon im Altertum Chinas wurde der Kaiserpalast von einer Tangchi genannten Stadtmauer umgeben. Der Kaiserpalast in Beijing hat ebenfalls eine leiterförmige Stadtmauer. Sie ist 10 m hoch und 3,5 km lang und stellt eine Schutzanlage außerhalb des Kaiserpalastes dar.

Les remparts et fossés【法文】Depuis toujours, les édifices du palais impérial sont très solides, raison pour laquelle on le qualifiait de "cité munie de murailles inexpugnables et de fossé rempli d'eau chaude". C'est aussi le cas de la Cité interdite, palais impérial des dynasties des Qing et des Ming. Elle est entourée d'un mur d'enceinte de 10 mètres de haut et de 3,5 kilomètres de pourtour. D'une section trapézoïdale, avec la base plus large que la partie supérieure, le mur d'enceinte constitue un ouvrage de défense périphérique indestructible du Palais impérial.

Городская стена【俄文】С давних пор императорское сооружение было очень крепко. Вокруг Запретного города была построена стена высотой в 10 м, длиной в 3,5 км. Продольное сечение городской стены – трапециевидно. Наверху – узко, внизу – широко. Эта стена является крепким оборонным объектом вне императорского дворца.

Le mura di cinta e il fossoto【意大利文】Fin dal passato il Palazzo imperiale era considerato solido e resistente, per cui era così descritto "jincheng tangchi" ovvero "con rampanti di metallo e acqua bollente": una fortezza inavvicinabile. La Città Proibita fu effettivamente costruita con strutture solide e robuste, circondata da mura di cinta con pianta a forma trapezoidale: alte 10 metri e lunghe 3,5 chilometri, la struttura nella parte inferiore è più larga in spessore, che va riducendosi in altezza.

Muralla y foso【西文】La construcción del palacio imperial fue firme y sólida desde la antigüedad, se llama "muralla de metal y foso de agua hirviente". La ciudad Prohibida, como el palacio imperial de las dinastías de Ming y Qing, también cuenta con "muralla de metal y foso de agua hirviente". Está rodeada por murallas de 10 metros de altura y 3,500 metros de circunferencia. El plano de muralla es trapecio, más estrecha de arriba y más ancha de abajo, las murallas constituye las instalaciones defensivas firmes fuera del palacio.

11

角楼 | Corner Tower

　　紫禁城城墙上有四座角楼，造型精巧独特，角楼顶部为三层重檐。角楼是紫禁城城池的一部分，属于皇宫的防卫设施。

　　The four corner towers, of fine workmanship and with three-tier eaves, are a part of the city structures, served as defense works of the palace.

角楼【日文】紫禁城の城壁には4つの角楼があり、造形は巧みで独特で、屋根は三重庇となっている。紫禁城の堀の一部分で、宮殿の防衛施設のひとつである。

각루【韓文】자금성 네 모퉁이에는 각루가 있다. 모양이 정교하고 3층 처마를 가지고 있으며 자금성 성벽의 일부분으로 황궁의 방어시설에 속한다.

Ecktürme【德文】Auf der Stadtmauer gibt es vier Ecktürme. Jeder von diesen Wachttrürmen hat ein dreifaches Dach und besteht aus 9 Balken, 18 Stützsäulen und 72 Dachfirsten.

Les tours d'angle【法文】Ayant une forme originale avec un toit à triple corniche, les quatre tours d'angles font partie des remparts de la Cité interdite. Elles servaient aussi d'ouvrage de défense du Palais impérial.

Угловая башня【俄文】На городской стене стоят 4 своеобразные угловые башни с трехъярусными крышами. Они, относящиеся к оборонным объектом, являются частью Запретного города.

Le torrette di guardia【意大利文】Lungo le mura di cinta, ai quattro angoli del perimetro sono presenti quattro torri di guardia, dalla funzione difensiva, caratterizzate ciascuna da un tetto a tre gronde.

Torreones【西文】Se hallan 4 torreones en los ángulos de las murallas de la ciudad prohibida, con una forma fina y particular. Y sobre estos torreones cubiertos de tejas de 3 capas. Constituyeron una parte de murallas y fosos de la ciudad prohibida, también es una parte de instalaciones defensivas.

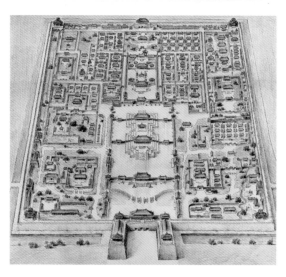

护城河 | The Moat

紫禁城城墙外有一条宽阔的护城河，为"金城汤池"中的"池"。河面宽52米，永乐年间兴建紫禁城时，由人工开凿筑成。护城河又称筒子河，环绕于皇宫四周。清乾隆年间，皇帝下令改建午门南侧的护城河，河水由午门前面石板道下的暗沟流过，形成了现今的模样。

Outside of the wall runs the 52-meter-wide moat around the Forbidden City, which was artificially made in the 18th year of Emperor Yongle's reign (1420). Emperor Qianlong of the Qing Dynasty once ordered to change the channel to the south of the Meridian Gate to guide the water flow in the hidden ditch, thus the moat taking the shape of what it looks like today.

堀【日文】 紫禁城の城壁の外には広いお堀があり、「金城湯池」という言葉のなかの「池」にあたるもので、幅は52メートル、永楽年間に紫禁城を建築したときに、人工的に掘られたものである。堀はまたの名を「筒子河」といい、宮殿の周囲をとり囲んでいる。清の乾隆年間に、皇帝が午門の南側の堀の修築を命じ、堀の水を午門前の石畳の道の下を暗渠にして通して、現在の姿となった。

호성하【韩文】 자금성 성벽밖에는 한줄기의 넓은 호성하가 에워싸고 있는데 바로 '금성탕지' 의 '지' 에 속한다. 강의 넓이는 52m이고 영락년간에 자금성을 건축 시 인공으로 만든 것이다. 호성하는 통자하(筒子河)라고도 불리며 황궁의 주위를 에워싸고 있다. 건륭년간 황제는 오문 남쪽의 호성하를 수건하도록 명을 내렸다. 하천은 오문 앞쪽에서 석판밑으로 흐르는 현재의 암거(暗渠)로 변하였다.

Der Stadtgraben【德文】 Der Stadtgraben, auch Tongzi-Fluss genannt, liegt außerhalb der Stadtmauer des Kaiserpalastes. Er ist 52 m breit und wurde beim Bau des Kaiserpalastes in der Yongle-Regierungsperiode der Ming-Dynastie ausgehoben. Vor dem Mittagstor Wumen hat er einen unterirdischen Kanal, der während der Regierungsperiode des Qing-Kaisers Qian Long gegraben wurde.

Les douves【法文】 Les murailles de la Cité interdite sont entourées de douves de 52 mètres de large. Elles furent creusées lors de la construction de la Cité interdite sous le règne Yongle de l'empereur Chengzu (appelé aussi vulgairement empereur Yongle) de la Dynastie des Ming. Sous les Qing, l'empereur Qianlong ordonna de réaménager la douve au sud de la porte du Méridien. Désormais, cette douve est couverte par les dalles devant cette porte comme on le voit aujourd'hui.

Городской ров【俄文】 Вне городской стены есть широкий городской ров, наполненный водой. Ширина его – 52 м. При строительстве Запретного города вырыли такой ров. Городской ров, окружающий императорский дворец, еще называется Тунцзыхэ. При династии Цин император Цяньлун дал приказ реконструкции городского рва на юге к воротам Умэнь. Вода течет через подземный водосток под дорогой перед воротами Умэнь. Таким образом, формировался нынешний вид.

Il fossato di protezione【意大利文】 Le mura di cinta sono circondate da un fossato di protezione largo 52 metri e risalente al periodo della sua edificazione. È un canale artificiale detto anche Tongzihe che all'epoca del regno Qianlong della dinastia Qing, l'imperatore fu fatto ricostruire nella parte sud, di fronte al portale Wumen e che ancora oggi scorre sotto il piazzale pavimentato con lastre di pietra all'entrata del Palazzo imperiale.

Foso【西文】 Las murallas de la Ciudad Prohibida está rodeada por un foso de 52 metros de ancho que constituye el foso de "muralla de metal y foso de agua hirviente". El foso fue construido artificialmente al mismo tiempo de construir la Ciudad Prohibida durante la dinastía Ming. El foso también se llamaba el río Tongzi(tubo), rodeaba al muro de la Ciudad Prohibida. Durante la dinastía Qing, el emperador Qianlong ordenó a reconstruir el foso que estaba ubicado al norte de la puerta Wumen, el río corrió pasando por un alcantarilla debajo de un camino de losa.

　　午门为紫禁城的正门，是皇宫内高度最高的建筑，最高高度达38米。城台呈"凹"字形，台上建有五座重檐黄瓦的城楼，称为"五凤楼"。午门门作为一处重要的典仪场所经常举行一些大典活动，如颁诏宣旨、献俘之礼、颁朔之礼等。

　　The Wu Men (Meridian Gate), the City's front gate, is the highest structure in the palace, with the maximum height of 38 meters. The base takes a "凹" shape, on which five skirt-roof towers covered with yellow glazed tiles are built. These five towers together are called Wu Feng Lou (Five-Phoenix Tower). Some major events such as the promulgation of imperial decree, the receiving of the captives of war, the ceremony of issuing the official lunar calendar were held here.

楼がたち、「五鳳楼」と称される。午門は重要な儀式が行われる場所でもあり、ここで詔書の発布、献孚の礼（戦争に出征した将軍が獲得した捕虜を皇帝に献じる儀式）、頒朔の礼（翌年の暦を発表する儀式）などの大きな典礼がたびたび行われた。

오문【韓文】 오문은 자금성의 정문으로 황궁에서 가장 높은 건축물로 높이는 38m이다. 성대(城臺)는 凹자 모양을 이루고 성대 위에는 겹처마에 황색 기와를 얹은 성루가 있으며 오봉루(五鳳樓)라고 부른다. 오문은 가장 중요한 의식거행 장소로 조칙과 선지를 내리는 의식, 전쟁포로를 접수하는 의식, 10월 초하루에 황제가 다음해 역서(歷書)를 반포하는 반삭(頒朔)의 예(禮) 등 의식을 진행한다.

Wumen (Mittagstor)【德文】 Wumen, allgemein Wufenglou (Turm der Fünf Phönixe) genannt, ist der Haupteingang zum Kaiserpalast. Es ist mit einer Höhe von 38 m das höchste Bauwerk des Kaiserpalastes. Der Unterteil des Tors besteht aus einer 10 m hohen,

午門【日文】午門は紫禁城の正門で、宮殿内で最も高い建築物であり、高さ38メートルにも達する。台の形は凹字形をしていて、台のうえに5つの二重庇の黄金瓦をいだいた城

THE FORBIDDEN CITY

zinnoberroten U-förmigen Mauer. Darauf stehen fünf Tortürme mit Doppeldächern aus gelb glasierten Ziegeln. Früher wurden hier viele wichtige Zeremonien abgehalten.

La porte du Méridien 【法文】 Mesurant 38 mètres de haut, la porte du Méridien, entrée principale de la Cité interdite, est le plus haut édifice du Palais impérial. Sur les murailles en forme de "凹" se dressent cinq pavillons avec un toit à double corniche couvert de tuiles vernissées jaunes, connus sous le nom de "Pavillons des Cinq Phénix (Wufenglou)". La porte du Méridien est le témoin de nombreuses grandes cérémonies officielles, telles que les cérémonies de promulgation des décrets, de proclamation des édits impériaux, de "l'offre des prisonniers" et de publication du calendrier de l'année prochaine.

Ворота Умэнь 【俄文】 Ворота Умэнь являются парадными воротами Запретного города и самым высоким сооружением в императорском дворце. Максимальная высота его – 38 м. На верхней части ворот Умэнь, на арке расположена башня. По обеим ее сторонам на уголках стоят четыре высокие беседки. Эти пять построек напоминают птиц, готовых вот-вот взлететь. Поэтому ворота Умэнь еще называют "Башней пяти фениксов". В прошлом здесь часто устраивались официальные торжества.

Wumen (Porta Meridiana) 【意大利文】 Alto 38 metri, è il portale d'accesso principale del Palazzo imperiale, elegante e maestoso. Chiamato anche "Porta delle Cinque Fenici" per i cinque padiglioni che sovrastano la struttura a forma di ferro di cavallo. In cima ad esso l'imperatore rendeva noto ogni anno il nuovo calendario, partecipava alle cerimonie militari e confemava, oppure annullava le condanne a morte.

La puerta Wumen 【西文】 Esta es la entrada principal de la Ciudad Prohibida que tiene 38 metros de altura. Es la construcción más alta del palacio. Se halla una plataforma de ciudada abajo de ella y tiene la forma de "凹". Sobre la plataforma hay 5 edificios con aleros pesados y tejas amarillas que se llama "Pabellón de Cinco Fénix". Siendo la puerta principal de la Ciudad de Palacios, Wumen servía también para otros propósitos. Por ejemplo, en tiempo normal, los ministros y generales se congregaban en la plaza enfrente de Wumen toda vez que se daba lectura a un decreto del emperador o se promulgaba el calendario. Por cada triunfo en la guerra, el emperador presidía aquí un acto de celebración y aceptaba la entrega de prisioneros.

15

神武门 Shenwu Men (Gate of Martial Spirit)

紫禁城的北门为神武门，通高31米，北与景山遥相对应。神武门原称玄武门，玄武为古代四神兽之一，从方位上讲，左青龙，右白虎，前朱雀，后玄武。玄武主北方，所以将宫城北门称为玄武门。清朝入关后的第二任皇帝康熙名玄烨，忌于名讳，于是将玄武门改称神武门。

The Gate of Martial Spirit is the north gate of the Forbidden City, 31 meters tall, facing Jingshan Hill to the north. Its original name is Xuanwu Gate. Xuanwu (black union of tortoise and snake) is regarded as one of the four spiritual creatures in Chinese ancient legend; the other three are Qinglong (green dragon), Baihu (white tiger) and Zhuque (red bird) and are on the left, on the right and in front respectively in directions. Xuanwu is at the back, thus the north gate of the palace is called Xuanwu Gate, which was changed into Shenwu Men (Gate of Martial Spirit) because the given name of Emperor Kangxi is Xuanye; the word "xuan" then became a taboo.

神武門【日文】紫禁城の北門は神武門といい、高さは31メートル、北には景山がある。神武門はもとは玄武門と向いあっていて、玄武門は古代四神獣のひとつで、左は青竜、右は白虎、前は朱雀、後ろは玄武とされている。そのため宮殿北門は玄武門とされる。清朝北京入城後の二番目の皇帝である康熙帝は名を玄烨といい、忌み名（尊い人の名と同じ字を使うのを避けること）のため玄武門は神武門と改名された。

신무문【韓文】자금성 북쪽에 위치해 있으며 높이 31m이고 북쪽의 경산(景山)과 마주하고 있다. 신무문은 원래 현무문이라고 불렸으며 현무는 고대 4 신수(神獸)중의 하나이다. 방위로 볼 때 좌측은 청룡, 우측은 백호, 앞면은 주작, 뒤면은 현무이다. 현무가 북쪽에 위치해 있어 궁성의 북쪽문을 현무문이라고 불렀다. 청나라가 산해관으로 들어온 후 두번째 황제인 강희제의 이름은 현엽(玄燁)으로 황제의 이름을 함부로 쓸 수 없다는 관례에 의하여 현무문을 신무문으로 고쳤다.

Shenwumen (Tor der Göttlichen Stärke)【德文】 Shenwumen, früher auch Xuanwumen genannt, ist das Nordtor des Kaiserpalastes. Es ist 31 m hoch. Früher befanden sich auf dem Torturm Glocken und Trommeln. Täglich beim Sonnenaufgang klangen die Glocken 108mal, und nach der Abenddämmerung gaben die Trommeln die ganze Nacht die Zeit an. Heute dient Shenwumen als Haupteingang des Palastmuseums.

La porte de la Fierté divine【法文】 La porte de la Fierté divine (Shenwumen), entrée du nord de la Cité interdite, haute de 31 mètres, fait face à la Montagne aux beaux paysages (Jingshan, appelé aussi la colline de Charbon) au nord. A l'origine, cette porte était appelée la porte Xuanwu. Ce dernier était, dit-on, un des quatre animaux fabuleux, en forme de tortue avec une tête de serpent. Le dragon noir dominait l'Est (gauche), le tigre blanc, l'Ouest (droite), Zhuque (ressemblant à un phénix rouge), le Sud (devant) et Xuanwu, le Nord (derrière). Xuanwu était la divinité du Nord, ce qui explique l'origine du nom de la porte nord de la Cité interdite. L'empereur Kangxi, deuxième souverain des Qing, s'appelait Xuan Ye. En raison de tabou, la porte Xuanwu fut rebaptisé la porte Shenwu (porte de la Fierté divine).

Ворота Шэньумэнь【俄文】 Находясь напротив горы Цзиншань, являются северными воротами Запретного города. Высота их – 31 м. Они назывались Сюаньумэнь. Но при императоре Канси их переименовали в Шэньумэнь, так как в имени этого императора имеется иероглиф Сюань, а по обычаю название любого предмета не должно совпадать с именем императора.

Shenwumen (Porta del Genio Militare)【意大利文】 Alta 31 metri, la porta settentrionale del Palazzo imperiale è situata di fronte alla Collina della contemplazione a nord. Originariamente era chiamata Xuanwumen, dal nome di un antico animale sacro, detto appunto Xuanwu. Ogni portale rappresenta, in base a punto cardinale corrispondente, uno dei quattro animali sacri dell'antica tradizione cinese: il Drago verde a ovest, la Tigre bianca a est, l'Uccello scarlatto a sud e lo Xuanwu a nord. Il nome del portale nord fu cambiato all'epoca del regno Kangxi, del secondo imperatore della dinastia Qing, che si chiamava Xuanye. Per evitare confusioni, al portale fu dato il nome di Shenwumen.

La puerta Shenwu【西文】 Esta es la puerta norte de la Ciudad Prohibida y tiene 31 metros de altura. La puerta Shenwu está correspondiente con la montaña Jingshan al norte. La puerta Shenwu tiene un nombre original como puerta Xuanwu. Xuanwu fue una de los 4 animales de dios en la lenyenda china, muy parecido a la combinación de tortuga y serpiente. Los 4 aninmales de dios fueron dragón azul de oriente, tigre blanco de occidente, fénix rojo de sur y Xuanwu negro de norte. Xuanwu protectaba el norte, por eso lo cambiaron la puerta norte de la ciudad por la puerta Xuanwu. Luego, la Corte Qing le cambió el nombre otra vez por puerta Shenwu para evitar el carácter "xuan", que componía parte del nombre propio del Emperador Kangxi(Xuanye).

紫禁城

2

外朝篇

Outer Court
外朝
외조편
Der Außenhof
La cour extérieure
Внешние павильоны
La Corte Esterna
La Corte Exterior

太和门广场
Taihe Men (Gate of Supreme Harmony) Square
太和門広場
태화문 광장
Der Taihemen-Palatz
L'esplanade de la porte de l'Harmonie suprême
Площадь Тайхэмэнь
Piazza Taihemen (Porta dell'Armonia Suprema)
Plaza de la puerta Taihe(Puerta de la Armonía Suprema)

　　午门以北为皇宫的外朝，是明、清两代皇帝行使权力、举行朝会和盛典的地方。外朝建筑以太和殿、中和殿、保和殿为中心，东西两侧分别辅以文华殿和武英殿。三大殿建筑宏伟壮丽，充分显现出皇权的威严和神圣。

　　The Outer Court, lying north to the Meridian Gate, is the place where the Ming and Qing emperors wielded power, held ceremonies and summoned ministers. The layout of the Outer Court is centered on the Three Grand Halls, namely, Hall of Supreme Harmony, Hall of Middle Harmony, and Hall of Preserving Harmony, with the Hall of Literary Glory and Hall of Martial Valor to the east and west as the annex halls. The Three Grand Halls, magnificent and imposing, fully indicate the dignity of the imperial power.

外朝【日文】午門の北は皇宮の外朝で、明清両代の皇帝が政務を司り、謁見や式典を行った場所である。外朝は太和殿、中和殿、保和殿を中心とし、東西にそれぞれ文華殿、武英殿がある。雄大な三大殿の建築は、聖なる皇帝権力の威厳を示している。

외조【韩文】 오문(午門) 북쪽, 황궁의 외조(外朝)는 명,청나라 시기 황제가 권력을 행사하고 조회와 성대한 연회를 거행하는 장소이다. 외조 건축물은 태화전(太和殿), 중화전(中和殿), 보화전(寶和殿)이 중심에 있고 그 동서 양측에 각각 문화전(文華殿)과 무영전(武英殿)이 있다. 3대전은 건축물이 웅위롭고 화려하며 장엄하여 황실의 신성한 권력을 한껏 뽐낸다.

Der Außenhof【德文】 Der Außenhof mit den drei Haupthallen Taihedian (Halle der Höchsten Harmonie), Zhonghedian (Halle der Vollkommenen Harmonie) und Baohedian (Halle der Erhaltung der Harmonie) liegt im Norden des Wumen-Tors. Hier empfing der Kaiser hohe Beamte, übte seine Macht aus und hielt wichtige Feiern und große Zeremonien ab. Zu seinen anderen Bauten gehören u. a. die Wenhuadian (Halle der Literischen Blüte) und Wuyingdian (Halle der Militärischen Tapferkeit).

La cour extérieure【法文】 La partie située au nord de la porte du Méridien est occupée par la cour extérieure du Palais impérial. Sous les dynasties des Ming et des Qing, les empereurs y exerçaient leurs pouvoirs, donnaient audience à leurs ministres et présidaient les grandes cérémonies officielles. La Salle de l'Harmonie suprême (Taihedian), la Salle de l'Harmonie parfaite (Zhonghedian) et la Salle de l'Harmonie préservée (Baohedian) sont disposées le long de l'axe central et flanquées par le Palais de la Culture (Wenhuadian) à l'est et le Palais des Prouesses militaires (Wuyingdian) à l'ouest. La magnificence et la splendeur des Trois Grandes Salles faisaient ressortir la majesté et la sacralité de l'autorité impériale.

Внешние павильоны【俄文】 К северу от ворот Умэнь находятся внешние павильоны Запретного города. Здесь минские и цинские императора проводили важные государственные и придворные церемониалы. Центром являются павильоны Тайхэдянь, Чжунхэдянь и Баохэдянь, которые отличаются величественностью и полностью отражают священность императорской власти. На востоке и западе возвышены павильоны Вэньхуадянь и Уиндянь.

La Corte Esterna【意大利文】 Situata nella parte settentrionale della Porta Meridiana, la Corte Esterna era il luogo di potere in cui si svolgevano importanti cerimonie e dove gli imperatori incontravano i ministri e i generali. È costituita da tre grandi edifici chiamati il Palazzo dell'Armonia Suprema, il Palazzo dell'Armonia Perfetta e il Palazzo dell'Armonia Preservata situati al centro ed altri due edifici posti ai due ali: il Palazzo dello Splendore Letterario e il Palazzo del Valore Militare. Gli edifici della corte esterna sono gli elementi principali dell'intero complesso architettonico imperiale.

La Corte Exterior【西文】 La Corte Exterior está ubicada al norte de la Puerta de Wumen, era el lugar en el que el emperador efectuaba las ceremonias y ejercía su poder. Su núcleo abarca los palacios de la Armonía Suprema, Armonía Central y Armonía Preservada. Mientras, los palacios Wenhua y Wuying se extienden por los laterales como alas. Las construcciones son grandes e imponentes manifentando lo sagrado y majestuoso del poder real.

19

内金水河
The Inner Golden Water River
内金水河
내금수하
Neijinshuihe (der Innere Goldwasser-Fluss)
Larivière aux Eaux d'or interne
Река Нэйцзиньшуйцяо
Il Ruscello dell' Acqua D'oro interno
El Río de Agua Dorada Interior

太和门广场 | Taihe Men (Gate of Supreme Harmony) Square

太和门前有一座宽阔的广场，称为太和门广场，占地26000平方米。广场上有五架并排的内金水桥，中间的御路桥为皇帝经过时专用，称为主桥。主桥两侧的四座桥，供王公大臣们行走。桥下的内金水河不仅为宫中防火提供了充足的水源，还兼起到排泄雨水和装点广场的作用。

In front of Gate of Supreme Harmony lies the broad Taihemen Square, covering an area of 26,000 square meters. In the square there are five Inner Golden Water Bridge; the middle one was exclusively for imperial use, called Main Bridge. The four bridges beside Main Bridge on both sides were for royal ministers. The Inner Golden Water River, running under the bridge, has the functions of supplying water source for fire prevention, draining off the rain, decorating the square, and etc.

太和門広場【日文】太和門の前に広場があり、太和門広場といわれている。広場は26,000メートルあり、そこには5つの内金水橋が並んでいる。中央の御橋は皇帝専用の橋で、主橋と呼ばれている。主橋の両側の4つの橋は賓橋とよばれていて、王侯大臣たちが通った橋である。橋の下の内金水河は宮中の防火のための水源となり、そのほかにも広場にたまった雨水を排出する作用もある。

태화문 광장【韩文】태화문 앞에는 넓은 광장이 있는데 태화문광장이라고 부른다. 광장의 면적은 26000㎡로서 광장위에는 5개의 내금수교가 배열되어 있다. 맨 중간의 다리는 황제의 전용다리이다. 다리아래로 흐르는 금수하는 방화작용과 궁궐의 배수작용 및 장식작용을 한다.

Der Taihemen-Palatz【德文】 Der Taihemen-Platz liegt vor dem Taihemen-Tor und nimmt eine Fläche von 26 000 Quadratmetern ein. Auf dem Platz sieht man einen Wassergraben mit dem Namen Neijinshuihe (der Innere Goldwasser-Fluss), über den sich fünf Bogenbrücken aus weißem Marmor spannen.

L'esplanade de la porte de l'Harmonie suprême【法文】 Située devant la porte de l'Harmonie suprême, l'esplanade du même nom occupe une superficie de 26 000 mètres carrés. Cette place large est traversée par les cinq ponts de la rivière aux Eaux d'or interne, dont le pont central, réservé spécialement à l'empereur, est le pont principal, appelé le "Pont de sa Majesté", tandis que les quatre ponts latéraux, connus sous le nom de "Ponts des hôtes", servaient de passages aux princes, ducs et ministres. La rivière aux Eaux d'or interne sous les ponts assurait une abondante source d'eau contre l'incendie, mais elle jouait également le rôle d'évacuation des pluies et d'ornementation de l'esplanade.

Площадь Тайхэмэнь【俄文】 Перед воротами Тайхэмэнь есть просторная площадь с названием Тайхэмэнь. Площадь занимает 26000 кв.м. На ей есть канал Цзиньшуйхэ, через который переброшено пять мостов. Центральный мост был предназначен исключительно для императора и называется главным мостом. Остальные четыре моста были предназначены для князей и вельможей. Канал Цзиньшуйхэ не только предоставляет достаточную воду для предупреждения пожара во дворце, но и помогает отведению воды и украшает площадь.

Piazza Taihemen (Porta dell'Armonia Suprema)【意大利文】 Situata davanti alla porta Taihemen, il piazzale omonimo occupa una supe rficie di 26.000 metri quadrati lungo cui sono allineati cinque ponti detti "d'Acqua d'Oro". Quello centrale, il Ponte imperiale, era riservato all'imperatore, detto anche "Ponte principale". I restanti quattro ponti erano riservati ai membri della casa imperiale e ai ministri. La cosiddetta "Acqua d'Oro" era la fonte da cui poter attingere in caso di incendio a palazzo e svolgeva anche una funzione di drenaggio dell'acqua piovana, oltre che come elemento decorativo.

Plaza de la puerta Taihe (Puerta de la Armonía Suprema)【西文】 Hay una plaza espaciosa frente de la puerta Taihe que se llama la Plaza de la puerta Taihe. Esta plaza cubre 26,000 metros cuadrados de superficie. Se halla 5 Quioscos del Río Dorado Interior en la misma hilera en la plaza. El central se llama "Quiosco de caminos imperial"que era el paso exclusivo del emperador. Los otros 4 quioscos era para los príncipes, duques y ministros. El río dorado debajo de los quioscos ofreció agua abundante para los palacios, al mismo tiempo, este canal tiene papel funcional como para drenar el agua de lluvia y proporcionar agua en caso de incendio.

太和门 Taihe Men (Gate of Supreme Harmony)

太和门前两侧对称列有一对铜狮和四座铜鼎，均为明代铸造。太和门为紫禁城内等级最高的门，明代各朝皇帝在此举行"御门听政"。顺治元年（1644年）十月，年仅6岁的顺治皇帝福临在太和门登基即位，颁诏大赦天下。

Two bronze lions and four bronze Ding, all made in the Ming Dynasty, lie symmetrically on both sides in front of Gate of Supreme Harmony, which is the highest-ranking gate in the Forbidden City. Here the Ming emperors handled state affairs, listened to ministers' reports, and issued imperial edicts. In October, the first year of Emperor Shunzhi's reign of the Qing Dynasty (1644), the then six-year-old Emperor Shunzhi ascended the throne here.

太和門【日文】 太和門の前方両側に対称をなして一対の銅獅子と4つの銅の鼎が並んでおり、これらは明代に鋳造されたものである。太和門は紫禁城内で最上の格式をもつ門であり、明代の各皇帝はここで「御門聴政」を行った。順治元年（1644年）10月、わずか6歳の順治帝福臨が太和門で即位し、天下に大赦を発令した。

태화문【韩文】 태화문 양쪽에는 한쌍의 청동 사자와 네개의 청동 가마(鼎)가 있는데 모두 명나라시기에 주조된 것이다. 태화문은 자금성에서 등급이 가장 높은 문이다. 명나라 여러 황제들이 이곳에 옥좌를 설치하고 '어문청정(御門聽政)'을 진행하였다. 순치원년 (1644년) 10월 6살밖에 안되는 순치제 복림은 태화문에서 등극하였다.

Das Taihemen-Tor【德文】 Das Taihemen-Tor wird auch das Tor der Höchsten Harmonie bezeichnet. An seinen beiden Seiten sieht man zwei Bronzelöwen und –dreifüße, die alle während der Ming-Dynastie gegossen wurden. Es ist das prächtigste Tor des Kaiserpalastes. Früher fanden hier wichtige Zeremonien statt wie die Thronbesteigungszeremonie für den vierjährigen Qing-Kaiser Fu Lin (als Kaiser Shun Zhi bekannt).

La porte de l'Harmonie suprême【法文】 La porte de l'Harmonie suprême est gardée par une paire de lions de bronze disposés symétriquement avec quatre vases tripodes (Ding) de bronze de ses deux côtés. Ces bronzes furent tous coulés sous les Ming. Elle était classée la plus haute en son genre dans la Cité interdite. Les empereurs de la dynastie des Ming assistaient au Conseil devant cette porte. Au 10e mois du 1er An (1644) du règne de l'empereur Shunzhi des Qing, Fu Lin, qui n'avait alors que 6 ans, y monta sur le trône et y promulgua un décret d'amnistie.

Ворота Тайхэмхэнь【俄文】 Перед воротами Тайхэмэнь стоят пара бронзовые львы и четыре бронзовых треножника, которые были вылиты в династии Мин. Тайхэмэнь – ворота высшего ранга в Запретном городе. В октябре 1644 г. 6-летний император Шуньцзы здесь вступил на трон.

Taihemen (Porta dell'Armonia Suprema)【意大利文】 Due leoni e quattro *ding* (grandi vasi/recipienti rituali) in bronzo, fusi durante la dinastia Ming, sono allineati simmetricamente lungo i due lati di fronte alla porta Taihemen, che, considerata il portale di grado più elevato della Città Proibita, era impiegata come sala per le udienze. Il decimo mese dell'anno 1644, l'imperatore Qing, Shunzhi-Fulin, all'età di sei anni vi salì al trono e annullò le condanne a morte.

La Puerta Taihe(la Puerta de la Armonía Suprema)【西文】 Frente a la puerta de Taihe se notan dos leones de cobre y cuatro vasijas de cobre, simétricamente a cada lado, todos fundidos en la dinastía Ming. Esa Puerta es la puerta superior de la Ciudad Púrpura. La puerta no es solamente la puerta frontal de la Corte Exterior, sino también es un lugar donde de vez en cuando el emperador arreglaba los auntos de administración. Durante la dinastía Ming, se estipulaba que los ministros y generales debían acudir aquí cada madrugada para esperar la orden, y algunos emperadores, atentos a la administración, solía llegar a este lugar para aceptar saludos, escuchar informes e impartir órdenes.

太和门前的铜狮是紫禁城内最大的一对铜狮。左侧脚踩铜球的铜狮为雄，右侧脚抚幼狮的铜狮为雌。

In front of Gate of Supreme Harmony place a pair of bronze lions, which is the largest pair in the Forbidden City. The one on the left stepping on a ball is the male, while the one on the right touching an infant lion with its claw is the female.

銅獅子【日文】太和門の前にある一対の銅の獅子は、紫禁城最大の獅子である。左足で銅球を踏みつけている獅子は雄で、右側の子獅子をあやしている銅の獅子が雌である。

청동 사자【韩文】태화문 앞에 있는 한쌍의 청동 사자는 자금성에서 가장 큰 한쌍의 사자이다. 오른발로 수구를 밟고 있는 동쪽의 것은 수컷이고 왼발로 어린 사자를 쓰다듬고 있는 서쪽의 것은 암컷이다.

Bronzelöwen【德文】Links und rechts vor dem Taihemen-Tor liegen zwei Bronzelöwen. Sie sind die größten ihrer Art im Kaiserpalast. Die lienke Löwenfigur ist männlich und die rechte weiblich.

Les lions de bronze【法文】Les lions gardant la porte de l'Harmonie suprême sont les plus gigantesques en leur genre dans la Cité interdite. Celui qui, avec une boule de bronze sous sa patte, est mâle, tandis que celui qui caresse un lionceau de sa patte est femelle.

Бронзовые львы【俄文】Бронзовые львы перед воротами Тайхэмэнь являются самыми большими бронзовыми львами в Запретном городе. Лев, под левой ногой которого есть бронзовый шарик – самец. Лев, под правой ногой лежит маленький лев – самка.

Leoni in bronzo【意大利文】La coppia di leoni di bronzo situati ai due lati della porta Taihemen è la più grande di questo genere all'interno della Città Proibita: il leone maschio si trova sul lato sinistro e tiene sotto la zampa una sfera, che simbolizza il mondo; il leone femmina, sul lato destro, gioca con un cucciolo di leone.

Leones de cobre【西文】Los dos leones de cobre delante de la Puerta Taihe, son los cuales más grande de la Ciudad Prohibida. Un macho a la izquierda, que pisa una bola bordada bajo un pie, y una hembra a la derecha, que acaracia a su cachorro con una pata.

太和殿广场 | Taihe Dian (Hall of Supreme Harmony) Square

太和殿广场为紫禁城内最大的广场，面积约30000平方米。广场四周摆设许多大缸，明清时期，这些大缸内注满水，用于救火。

As the largest square in the Forbidden City, Taihe Dian Square occupies an area of around 30,000 square meters. On four sides of the square there sit a number of vats. During the Ming and Qing dynasties these vats were full of water to prevent the fire.

太和殿広場【日文】太和殿広場は紫禁城内で最大の広場で、正方形をしていて、面積は約3万平方メートルである。広場の四隅には多くの水がめがおかれており、明清時代にはそのかめには水がいっぱいに張られていて、消火用水とされていた。

태화전 광장【韩文】자금성에서 가장 큰 광장으로 약 3만㎡이다. 광장의 주위에는 많은 항아리가 배치되어 있는데 명,청나라시기에는 물을 담아두고 방화용으로 사용하였다.

Der Taihedian-Platz【德文】 Der Taihedian-Platz liegt vor der Taihedian (Halle der Höchsten Harmonie) und ist mit einer Fläche von 300 000 Quadratmetern der größte Platz innerhalb des Kaiserpalastes. Rings um den Platz gibt es viele große bauchige Wasserbehälter aus Bronze. Sie dienten zum Feuerschutz.

L'esplanade de la Salle de l'Harmonie suprême【法文】 Couvrant une superficie de 30 000 mètres carrés, cette esplanade carrée est la plus vaste dans la Cité interdite. A son pourtour sont

installées plusieurs grandes jarres. Sous les Ming et les Qing, ces jarres étaient remplies d'eau, servant à éteindre les incendies éventuels.

Площадь Тайхэдянь 【俄文】 Площадь Тайхэдянь – самая большая площадь в Запретном городе. Квадратная площадь занимает около 30000 кв. м. На площади расставлены многие чаны. При династиях Мин и Цин эти чаны были переполнены водой и предназначены для тушения пожара.

Il Piazzale della Taihedian (Sala dell'Armonia Suprema) 【意大利文】 È il piazzale più esteso della Città Proibita, che ricopre una superficie di 30.000 metri quadrati. Lungo i lati sono allineati dei grandi recipienti di bronzo usati come raccoglitori d'acqua destinata a spegnere eventuali incendi.

Plaza Taihedian(Salón de la Armonía Suprema) 【西文】 Por la Puerta Taihe se ingresa a una plaza mayor de la Ciudad Púrpura, de más de 30.000 metros cuadrados. Tiene una forma cuadrada. Se puso muchos cántaros llenos de agua alrededor de la plaza en caso de incendio en las dinastías Ming y Qing.

太和殿 | Taihe Dian (Hall of Supreme Harmony)

太和殿俗称"金銮殿"，是紫禁城中等级最高的建筑，重檐檐角处安放10个走兽，是中国现存的最大木结构殿宇。大殿坐落在三层汉白玉石基台上，殿内共有72根红色立柱支撑顶梁。

The hall, also named Jinluan Dian (Hall of Golden Chimes), is the most magnificent in the Forbidden City and the largest hall of wooden structure in China; there are 10 animal ornaments on corners of eaves; the hall sits on a three-layer white marble base; inside the hall stand 72 large red columns supporting the roof.

太和殿【日文】太和殿は俗称を「金鑾殿」といい、紫禁城のなかで最高ランクの建築物である。二重庇で角には10匹の獣がのっている。これは中国に現存する最大の木造建築物である。大殿は3層の漢白玉石の基台のうえにつくられ、殿内には計72本の赤い柱があり、屋根を支えている。

태화전【韩文】속칭 금란전이라고도 한다. 자금성 건축물에서 등급이 가장 높은 건축이다. 겹처마에는 10개의 잡상이 있으며 중국에서 현존하고 있는 최대 목조건물이다. 대전은 3층의 한백옥 기단위에 설치되어 있으며 궁전에는 72개의 기둥이 떠받치고 있다.

Die Taihedian (Halle der Höchsten Harmonie)【德文】 Die Taihedian wird auch Jinluandian (Goldener Thronsaal) bezeichnet und ist die wichtigste der drei Haupthallen des Kaiserpalastes und der größte alte Holzbau Chinas. Sie liegt auf einem dreistufigen Postament aus weißem Marmor. Auf seinem Doppeldach, das von 72 Stützsäulen getragen wird, sieht man zehn Fabeltierfiguren.

La Salle de l'Harmonie suprême【法文】 La Salle de l'Harmonie suprême, appelée aussi la "Salle du Trône impérial (Jinluandian)", est l'édifice classé le supérieur dans la Cité interdite. A chaque angle de la double corniche de son toit sont disposés dix animaux sculptés. C'est la plus grande salle avec une structure en bois existant en Chine. Reposant sur une terrasse en trois paliers bordée de balustrades en marbre blanc, elle possède 72 piliers laqués rouges supportant la charpente de sa toiture.

Павильон Тайхэдянь【俄文】 Павильон Тайхэдянь еще называется Цзиньлуаньдянь. Это сооружение высшего ранга в Запретном городе. По углам крыши павильона стоят 10 каменных зверей. Является самой большой деревянной сохранившейся постройкой в Китае. Павильон стоит на трехъярусной мраморной платформе. В павильоне 72 красные колонны поддерживают балку крыши.

La Taihedian (Sala dell'Armonia Suprema)【意大利文】 Detta anche "Sala del Trono d'Oro", la Taihedian è l'edificio principale di tutto il complesso, nonché la Sala di maggiori dimensioni con struttura in legno conservatosi in Cina. In cima al tetto, nella parte spiovente delle gronde, ai lati sono allineati 10 animali (motivo ricorrente dell'architettura tradizionale cinese imperiale). La Taihedian si erge su una terrazza marmorea a tre gradini, circondata da una balaustra a tre livelli in marmo bianco. All'interno della sala si ergono 72 colonne rivestite da una copertura di lacca rossa, che sostengono il soffitto riccamente decorato.

Taihedian(Salón de la Armonía Suprema)【西文】 Taihedian es el salón de audiencia del emperador, es el más importante de los salones de la Ciudad Prohibida. Se ve en el lomo de un techo diez figuras de animales. Siendo de estructura de madera, es el antigua palacio existe más grande de China. El salón se construyó sobre una plataforma de mármol blanco de tres pisos, en total 72 columnas rojas soportan vigas y el techo.

嘉量　Jia Liang　度量器　가량　Jialiang-Hohluaß
La mesure à grain　Цзялян (древн ий дозатор)
Il Jialiang　Jialiang

铜鹤　Bronze Crane　銅の鶴　청동 학
Bronzekranich　La grue de bronze　Медный журавль
Un gru in bronzo　Grulla de cobre

日晷　Sundial　日時計　일구　Gndmon　Le cadran solaire　Жигуй (древний хроноскоп)　La meridiana　Gnomon

铜龟　Bronze Tortoise　銅の亀　청동 거부기　Bronzeschildkröte　La tortue de bronze
Медный черепах　Tartaruga in bronzo　Tortuga de cobre

太和殿殿外有宽阔的月台，月台上陈设日晷、嘉量、铜龟、铜鹤和18座铜制鼎式香炉。日晷是古代的计时器，嘉量是古代的标准量器，二者都是皇权的象征；龟、鹤为长寿的象征；香炉稳固的外形寓意江山、政权稳固。

On the spacious platform in front of the Hall of Supreme Harmony are sundial, Jia Liang (a grain measure), bronze tortoise, bronze crane, and 18 tripod-shaped incense burners. The sundial was a timepiece and Jia Liang was a popular measuring device of grain in ancient China, both representing the imperial power; the tortoise and crane symbolize longevity; the incense burners imply the stability and security of the power and state.

【日文】太和殿の外側にはひろいバルコニーがあり、そのバルコニーには日時計、度量器、銅の亀、銅の鶴と18の銅の鼎の形をした香炉がある。日時計（日晷）は古代の計時器で、度量器（嘉量）は古代の計量の基準となった器である。このふたつは皇帝の権力の象徴とされる。亀と鶴は長寿の象徴で、香炉のどっしりとした形は国土や政権が安定していることを意味している。

【韩文】태화전 밖에는 넓은 월대(月臺)가 있으며 그 위에는 일구(日晷), 가량(嘉量), 청동으로 만든 거부기, 학 및 18개 향로가 배열되어 있다. 일구는 고대의 해시계이며 가량은 고대의 계량표준기이다. 이 두가지는 황권을 상징하며 거부기와 학은 장수를 상징히고 향로는 안정된 강산과 정권을 상징한다.

【德文】Kulturgegenstände vor der Taihedian: Unmittelbar vor der Taihedian liegt eine freie Plattform, an deren beiden Seiten zwei Bronzeschildkröten, zwei Bronzekraniche, ein Gnomon und ein Jialiang-Hohlmaß und 18 Weihrauchgefäße. Diese Geräte sollten ausdrücken, dass der Kaiser auf den Ackerbau achtete, während die Tierfiguren Glück und Landlebigkeit symbolisierten.

【法文】Le cadran solaire, la mesure à grain, la tortue et la grue de bronze : Sur la terrasse large de la Salle de l'Harmonie suprême sont disposés un cadran solaire, une mesure à grain, une tortue en bronze, une grue en bronze et 18 brûle-parfums en forme de vase tripode. Le cadran solaire est l'ancien chronomètre et la mesure à grain, l'ancienne mesure de capacité standard, tous les deux étaient l'emblème du pouvoir impérial ; la tortue et la grue représentent la longévité, tandis que les brûle-parfums signifient la stabilité de l'Etat et du pouvoir impérial.

【俄文】Жигуй, Цзялян, медный черепах и журавль: На широкой платформе вне павильона Тайхэдянь расставлены Жигуй, Цзялян, медный черепах, журавль и 18 бронзовых треножных курильниц. Жигуй – древний хроноскоп, Цзялян – древний дозатор. Все они символ трона. Черепах и журавль символизируют долголетие. А треножные курильницы – символ устойчивой власти.

【意大利文】La meridiana, il Jialiang, la tartaruga di bronzo e la gru di bronzo: Sull'ampia terrazza della Taihedian si trovano una meridiana, un Jialiang, e una tartaruga, una gru e 18 incensieri di forma ding, tutti in bronzo. La meridiana è l'antico strumento per il calcolo del tempo, il Jialiang è un antico strumento si misura, entrambi simboli della giustizia imperiale. La tartaruga e la gru sono simboli della longevità. La forma degli incensieri (xianglu) rappresenta la solidità dei poteri statale e politico.

【西文】Gnomon, Jialiang, Tortuga de cobre y grulla de cobre: En la plataforma amplia enfrente de Taihedian hay gnomon, jialiang, tortuga de cobre, grulla de cobre y 18 inciensos de cobre. El gnomon es un reloj del usado en la antigüedad, jialiang es un medidor de capacidad, ambos son símbolo del poder imperial, tortuga y grulla, símbolo de la suerte y longevidad, la forma de incienso significa la estabilidad del poder imperial.

太和殿金龙藻井　The golden-dragon coffered ceiling in Taihe Dian　太和殿の金龍飾り天井　태화전 용무늬
천정　Die Kassettendecke mit goldlackierten Drachen als Dekoration in der Taihedian　Le caisson central du plafond
de la Salle de l'Harmonie suprême, orné d'un dragon d'or　Кессон с изображением золотого дракона в павильоне
Тайхэдянь　Il soffitto decorato di drago dorato del Palazzo dell'Armonia Suprema　Techo artesonado de dragón dorado
del Palacio de Taihedian

太和殿内景　An Inner View of Taihe Dian (Hall of Supreme Harmony)

　　太和殿内基台两侧有6根金龙大柱，基台上设宝座和屏风，宝座两侧陈设宝象、甪端、
仙鹤和香亭，象征安定、吉祥。明清两代时，皇帝登基、大婚、册封、命将出征等大典均
在太和殿举行。

Inside the Hall of Supreme Harmony stand six dragon-patterned and gold foil covered columns; on the base sits a gilded nine-dragon throne, with a folding screen behind; on both sides of the throne are elephants, *luduan* (an auspicious animal), cranes and pavilion, all together symbolizing peace and stability. The hall is where grand ceremonies like the emperor's enthronement, imperial wedding, title conferring took place.

太和殿内部【日文】殿内には6本の竜が彫られた柱があり、基台のうえには、金竜玉座と金箔の屏風が置かれている。玉座の両側には宝象、甪端、仙鶴、香亭が飾られていて、安定を寓意している。明清代、太和殿ではしばしば大型の典礼活動が行われた。たとえば、皇帝の登位式、結婚式、冊封の儀式、出征将軍の任命式などである。

태화전 내부【韓文】태화전 가운데는 6개의 금칠 반룡 기둥이 있으며 보좌 양쪽은 코끼리, 거북이, 선학과 향정(香亭)이 진열되어있으며 국가의 안정과 상서로움을 상징한다. 명, 청 시기 황제의 즉위, 대혼, 축수, 책봉 및 중대한 축전, 출정 등 행사를 거행하던 곳이다.

Innenansicht der Taihedian【德文】Der Thron, in der Mitte dieser prächtigen Halle gelegen, von 6 mit goldlackierten Drachenfiguren dekorierten Säulen flankiert, steht auf einer Plattform aus Nanmu-Holz, die ebenfalls mit Drachenfiguren verziert ist. Das Drachen-Pult und der Thronsessel sind mit geschnitzten Drachen- und Wolkenmustern stilisiert. Hinter dem Thron steht ein fein geschnitzter Wandschirm, vor und seitlich davon befinden sich Bronzefigur en von Kranichen, Elefanten und Luduan (Fabeltier) sowie Weihrauchgefäße. Über dem Thron befindet sich eine feine, kunstvoll gearbeitete Deckendekoration mit Drachenfiguren. Die Taihedian ist die wichtigste Halle des Kaiserpalastes. Von hier aus übte der Kaiser seine Macht aus. Viele wichtige Zeremonien

fanden hier statt, wie die Zeremonien anläßlich der Thornbesteigung, die Audienzen für die Minister sowie die Feiern an verschiedenen Festtagen. Während der Qing-Zeit wurden kaiserliche Prüfungen in dieser Halle durchgeführt.

Intérieur de la Salle de l'Harmonie suprême【法文】Avec le sol pavé de "briques d'or", la Salle de l'Harmonie suprême est splendidement décorée. Les six colonnes centrales, ornée de dragons lovés laqués d'or, entourent une estrade sur laquelle se trouve le trône décoré également de dragons dorés, avec un paravent laqué d'or placé derrière lui. Des deux côtés du trône impérial sont disposés des éléphants, des Luduan, des grues et des brûle-parfums. L'éléphant symbolise la paix de l'Etat, le Luduan est un animal légendaire de bon augure, la grue représente la longévité et le brûle-parfum, la stabilité du pouvoir impérial. Le caisson central du plafond de la Salle de l'Harmonie suprême est orné d'un dragon d'or tenant une boule dans sa gueule. Cette boule représente le miroir de Xuanyuan, signifiant qu'un souverain clairvoyant y gouverne. Sous les Ming et les Qing, dans cette salle se tenaient souvent de grandes cérémonies, telles que les cérémonies de succession au trône et de mariage de l'empereur, ainsi que celles pour conférer un titre ou ordonner à un général de partir en expédition. Par ailleurs, chaque année, lors de l'anniversaire de l'empereur, du Nouvel An du calendrier lunaire et du solstice d'hiver, l'empereur acceptait les félicitations des mandarins civils et militaires et donnait un banquet en leur honneur. Au début des Qing, les examens officiels présidé par l'empereur eurent lieu également dans cette salle.

Внутри павильона Тайхэдянь【俄文】Интерьер павильона блестящ и великолепен. В центре шесть позолоченных колонн с изображением дракона. На постаменте из махила установлен трон с изображением дракона и ширма, покрытая золотым лаком. Перед ними стоят изящные бронзовые слоны, лудуань (святой зверь), журавли и треножные сосуды. Слоны символизируют спокойствие государства. Лудуань – символ счастья. Журавли – символ долголетия. Медные треножные сосуды – символ трона. Над троном золотой кессон с изображением дракона, во рту которого есть жемчуг. При династиях Мин и Цин в Тайхэдянь часто происходили торжественные мероприятия, как вступление императором на трон, свадьба императора и т.д. Каждый год в день рождения императора, Новый год и зимнее солнцестояние император здесь принимали поздравления от военных и придворных и устраивали банкет для них. В начале династии Цин дворцовые экзамены тоже проводились в Тайхэдянь.

L'interno della Taihedian【意大利文】L'interno della sala è splendido, il pavimento ricoperto dei cosiddetti "mattoni d'oro" scuri e compatti fabbricati fin dall'antichità nella nota città di giardini e della seta della Cina Meridionale, Suzhou. Le sei colonne che circondano il trono posto su una piattaforma riportano motivi di draghi in due toni d'oro. Sopra il trono, uno stupendo soffitto a cassettoni ornato con draghi che giocano con la perla infuocata, simbolo della forza creatrice divina. Artisticamente intagliato e dipinto in oro, il trono, posto su una piattaforma a sette gradini, si compone di una poltrona, un poggiapiedi e uno stupendo paravento, tutto in legno di palissandro. Ai due lati le statue di un elefante, un luduan, una gru e xiangting (piccolo padiglione-incensiere). L'elefante rappresenta uno stato stabile e il potere rinforzato; il luduan è un animale mitologico porta fortuna; la gru è simbolo di longevità; il xiangting rappresenta la solidità del potere statale. Durante le dinastie Ming e Qing, in questa sala avevano luogo le grandi cerimonie, quali la l'intronizzazione, le dichiarazioni di pace e di guerra, le nozze e investire il qualcuno del posto e del titolo di un mandarino, i banchetti di Stato, le celebrazioni in occasione del nuovo anno, il compleanno dell'imperatore, la celebrazione del solstizio d'inverno e l'annuncio dei nomi di chi aveva superato gli esami statali.

Escena interior de Taihedian【西文】El salón de Taihedian era espléndido y magnífico, se colocaba ladrillos dorados en el suelo. Con seis pilares esculpidos con motivos de dragones en espiral y pintura dorada se halla el trono grabado de dragón sobre la terraza hecho de madera de nanmu, encima del estrado aparece el trono dorado y biombo de oro. Al lado del trono, hay elefante precioso, Luduan, grulla y quisco perfumado. Elefante precioso era el símbolo de estabilización del país y la consolidadción del poder imperial, Luduan era un animal de buena suerte en la leyenda china, la grulla significaba lonvegidad, el quiosco perfumado era el símbolo de la unidad. Se halla artesonado ubicado en el centro del techo, un dragón dorado enrollado dentro del artesonado tiene una joya en la boca. La joya es el espejo de Xuanyuan que significaba un emperador sensato. Durante las dinastías Ming y Qing Taihedian era el principal lugar donde se celebraban grandes ceremonias, sin excepción, aquí se celebraban la entronización del emperador, su cumpleaños, sus bodas y el nombramiento de su esposa, la despedida para la expedición militar, así como la aceptación de las congratulaciones de los funcionarios y el ofrecimeinto de banquetes en las fiestas importantes de cada año como en su cumpleaños, la fiesta del año nuevo y la llegada del invierno(el calendario lunar).

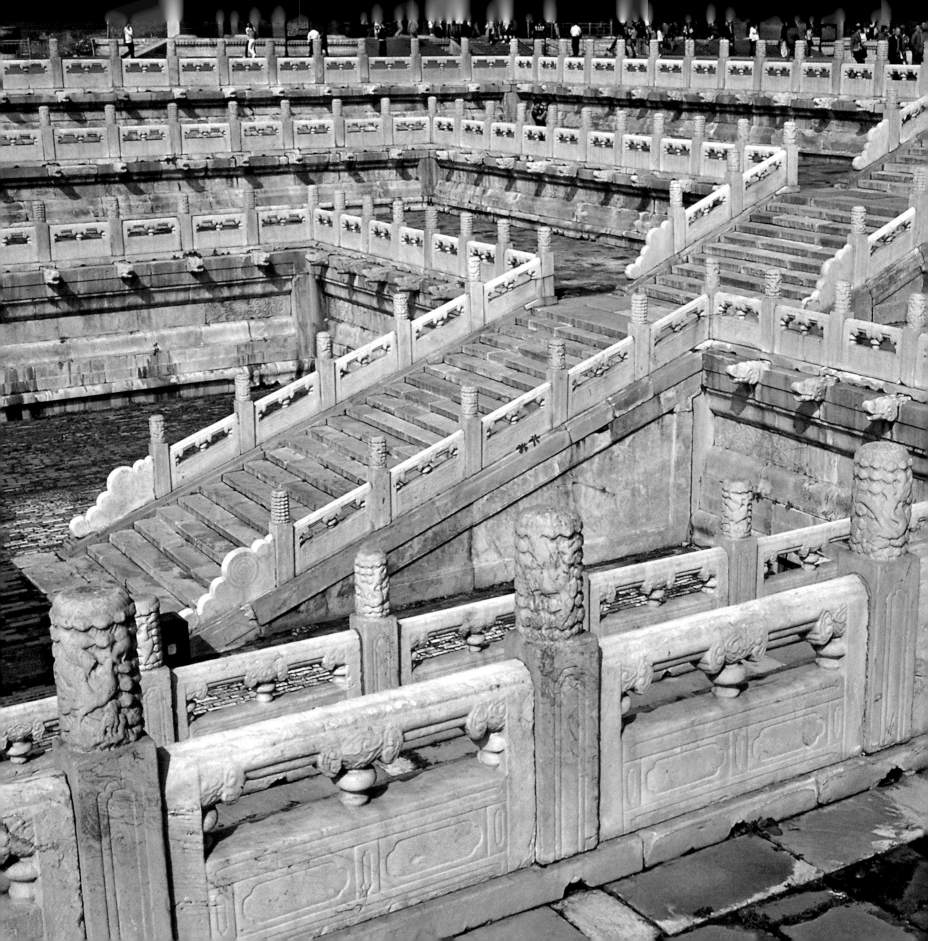

"土"字形基台、螭首 | **"土"-Shaped Base and Dragon Heads**

外朝三大殿均坐落于一座"土"字形三层基台上。每层台基四周都环以汉白玉石栏杆，栏杆下安有用于排水的石雕龙头，称为"螭首"。龙头口中含有小孔，每逢雨季，雨水自小孔中流出，呈现出千龙吐水的奇观，而基台上却不会淤积雨水。

The Three Grand Halls of the Outer Court are built on a three-tier white marble base, which takes a "土" shape. On four sides of the base are balusters, below which are thousands of stone-carved dragon heads used to drain water. In the dragon's mouth there is a hole, through which water runs out. In the rainy season, there is a wonderful scene of water running out of thousands of dragons, thus the base couldn't be filled with water.

土の字をした基台とあまりょう【日文】 外朝三大殿はともに「土」の字型をした三層の基台のうえに建っている。基台の周囲はどこも漢白玉石の欄干に囲まれていて、欄干の下には、排水のための竜の頭の彫刻があり、「螭首(あまりょう、雨竜)」とよばれている。竜の口の中には小さな穴があり、雨の季節になると、雨水は小さな穴から流れ出て、千の竜が水を吐き出す奇観となり、基台の上には水が溜まらない。

"土"자형 기단, 리두【韓文】 외조 3대전은 모두 동일한 "土"자형 3층 기단위에 건축되어 있다. 매 층의 기단의 변두리에는 한백옥 석란간을 설치하고 란간 아래에는 배수작용을 하는 용머리가 조각되어 있는데 "리수"라고 부른다. 용머리에는 작은 구멍이 있는데 비물이 작은 구멍으로 흘러나와 마치 용이 물을 뿜는것 같으며 기단위에 물이 고이지 않는 배수 작용을 한다.

Das 土-förmige Postament der drei Haupthallen【德文】 Die drei Haupthallen im Außenhof liegen auf einem 土-förmigen und dreistufigen Postament, das von Marmorbalustraden umgeschlossen ist. Unter diesen Balustraden sieht man viele drachenkopfförmige Steinschnitzereien. Sie dienen als Entwässerungsanlagen. Bei Regenzeit fließt das Regenwasser aus dem „Drachenmund" hinter.

La terrasse en trois paliers et les têtes de dragon sans cornes【法文】 Chacune des trois Grandes Salles de la cour extérieure repose sur une terrasse en trois paliers, bordés chacun d'une balustrade en marbre blanc. Les trois rangées de balustrades sont munies de gargouilles en forme de tête de dragon. Dans la bouche du dragon sont percés de petits trous. Quand il pleut à verse, l'eau jaillit des bouches de dragon, formant une magnifique cascade.

Платформа в форме «土» и Чишоу (голова дракона)【俄文】 Павильоны Тайхэдянь, Чжунхэдянь и Баохэдянь расположены на трехъярусных платформах в форме «土». На каждом ярусе кругом стоят мраморные перила, под которыми установлены каменные Чишоу для водоотведения. Во рту дракона есть отверстие, через которое течет дождь. Таким образом, когда идет дождь, на платформе не будет стоячей воды.

Terrazza a forma del carattere cinese "土", lishou (testa di drago)【意大利文】 Tutte e tre le sale della corte esterna si ergono su una terrazza marmorea a tre gradini, a forma di carattere "土", circondata da una balaustra in marmo a tre livelli. In basso per tutta la lunghezza della balaustra sono allineate delle teste di drago in pietra dette lishou che hanno la funzione, oltre che decorativa, di dragare la pioggia. Quando piove l'acqua fuoriesce dai buchi nelle bocche delle teste di drago per evitare ristagno d'acqua nelle terrazze.

Terraza en forma de "土", cabeza de dragón【西文】 Todos los tres salones del Corte Exterior están ubicadaos en una terraza en forma de "土" de tres niveles. Cada piso está rodeado por balaustradas de mármol blanco. Los desagues están construidos debajo de las balaustradas. Los desagues en forma de cabeza de dragón mostraban el maravilloso paisaje de mil dragones echando agua por sus bocas en lugar del mítico fuego.

中和殿 | Zhonghe Dian (Hall of Middle Harmony)

位于太和殿后的中和殿是一座方形建筑，是皇帝去太和殿参加大典之前休息、并接受文武官员朝拜的地方。中和殿的渗金方檐圆顶如同一座华盖，因而明朝初建成此殿时就称其为华盖殿。

Located behind the Hall of Supreme Harmony, it served as a resting hall for emperors, who would rehearse the ministers here before attending grand ceremonies. The square-eaved round roof is like a *huagai* (canopy), thus the hall was named Huagai Hall when it was completed in the early Ming Dynasty.

中和殿【日文】太和殿の後ろにある中和殿は四角い建築物で、皇帝が太和殿の儀式に参加する前に休息するところであり、文武官の拝謁を受ける場所でもある。殿内の金の丸屋根が華蓋(帝王の車につけた絹のかさ)と同じかたちをしているために、明朝の創建時にはこの建物を華蓋殿と呼んでいた。

중화전【韓文】태화전 뒤에 위치한 중화전은 장방형 건축물이며 황제가 태화전으로 가기전에 휴식하거나 문무관원들의 알현을 받던 곳이다. 명초기에는 화개전이라고 불렸다.

Die Zhonghedian (Halle der Vollkommenen Harmonie)【德文】 Dieses Bauwerk hat die Form einer Gartenlaube. Bevor sich der Kaiser in die Thronhalle begab, ruhte er sich hier aus und empfing seine Minister zur Audienz oder ließ die Zeremonien probiren.

La Salle de l'Harmonie parfaite【法文】 Située derrière la Salle de l'Harmonie suprême, la Salle de l'Harmonie parfaite est un bâtiment carré. Avant chaque grande cérémonie, l'empereur venait dans cette salle pour se reposer et recevoir en audience des ministres. Le plafond doré de cette salle évoque un dais à bord carré, c'est pourquoi elle était aussi appelée la "Salle au dais" lors de son achèvement au début de la dynastie des Ming.

Павильон Чжунхэдянь【俄文】 Квадратный павильон Чжунхэдянь позади Тайхэдянь является местом, где император отдыхал и дал аудиенции высшим гражданским и военным чинам до начала церемоний в Тайхэдянь. Крыша павильона напоминает хуагай (балдахин над императорской коляской). Поэтому в династии Мин он еще назывался павильоном Хуагайдянь.

La Zhonghedian (Sala dell'Armonia Perfetta)【意大利文】 La Zhonghedian succede alla Taihedian sulla stessa terrazza, ed è la più piccola dei tre edifici. Qui l'imperatore svolgeva gli ultimi preparativi prima di recarsi nella Taihedian per le grandi cerimonie e le udienze. All'interno, il tetto di forma quadrata è in oro, simile a un huagai (un baldacchino come quelli delle portantine imperiali), per cui all'epoca della sua edificazione in epoca Ming era detto Sala Huagai.

Palacio Zhonghe(Salón de la Armonía Media)【西文】 Palacio Zhonghe queda detrás de Taihedian, es una construcción cuadrada. Es un lugar donde el monarca descansaba y se preparaba para pasar a dar audiencia en Taihedian. El techo redondo con alero cuadrado dorado era muy parecido a un dosel, por eso ese palacio también tenía otro nombre como Palacio de Dosel cuando estaba construido durante la dinastía Ming.

用敷五福而錫極彰厥有常

允執厥中

時乘六龍以御天所其無

中和殿内景
An inner view of Zhonghe Dian (Hall of Middle Harmony)
中和殿の内部
중화전 내부
Innenansicht der Zhonghedian
Intérieur de la Salle de l'Harmonie parfaite
Внутри Чжунхэдянь
L'interno della Sala dell'Armonia Perfetta
Escena Interior de Zhonghe Dian

33

保和殿 Baohe Dian (Hall of Preserving Harmony)

保和殿，明朝初期时称为谨身殿，是举行册立皇后、皇太子等大典时皇帝更衣的地方。到了清朝时，每年正月初一和十五，皇帝都要在此殿宴请各少数民族王公和大臣。殿内设宝座、屏风，宝座上方和两侧分别悬挂乾隆皇帝题写的匾额和楹联。

Standing at northern point of the Three Grand Halls, the hall, initially named Jinshen Dian (Hall of Practicing Moral Culture) in the early Ming Dynasty, was where the emperor changed clothes before attending such grand ceremonies as determining the empress and crown prince. In the Qing Dynasty, the emperor hosted banquets to nobles and ministers of the minorities on the first and 15th days in the first month of a new year. The gilded throne and screen are set in the hall. Over and on both sides of the throne hang respectively a stele and a pair of couplets written by Emperor Qianlong.

保和殿【日文】明朝初期には謹身殿といい、皇后や皇太子の冊立などの大典のときに皇帝が衣服をかえた場所である。清朝に至って、毎年正月一日と十五日に、皇帝はこの建物で行われた宴に少数民族の王侯や大臣を招待した。清の順治帝・康熙帝の二皇帝はここに住んだ。殿内には玉座と屏風が設けられ、玉座の上方と両側にはそれぞれ乾隆帝の筆による扁額と対聯が掲げられている。

보화전【韓文】3대전에서 가장 북쪽에 위치한 궁전이다. 명나라 시기 황후와 태자를 책봉하는 의식을 진행 시 황제가 옷을 갈아입던 곳이다. 청나라 시기 매년 정월 초하루와 보름에는 몽고와 신강의 대신들을 초청하여 연회를 베풀기도 했다. 보화전 내부는 보좌와 병풍이 설치되고 보좌의 윗쪽과 양측에는 건륭제가 쓴 편액과 대련(對聯)이 걸려져 있다.

Die Baohedian (Halle der Erhaltung der Harmonie)【德文】 In der Ming-Zeit diente diese Halle als ein Umkleidungraum für den Kaiser. In dieser Halle steht auch ein Thron. In der Qing-Zeit gab der Kaiser jedes Jahr zu Silvester hier den Fürsten und Herzögen Bankette. Seit dem 54. Regierungsjahr (1789) des Qing-Kaisers Qian Long wurden hier kaiserliche Prüfungen durchgeführt.

La Salle de l'Harmonie préservée【法文】 Située le plus au nord des Trois Grandes Salles, la Salle de l'Harmonie préservée, appelée au début des Ming la "Salle du Soin de sa mise (Jinshendian)", servait à l'empereur à changer d'habit lors de grandes cérémonies comme celle l'octroi du titre d'impératrice ou de prince héritier. Sous les Qing, le 1er et le 15e jours du 1er mois lunaire de chaque année, l'empereur y offrait un banquet aux princes et ministres d'ethnie minoritaire. Les empereurs Shunzhi et Kangxi des Qing y logèrent. Dès l'An 54 (1789) du règne de l'empereur Qianlong, c'est là aussi que l'empereur présidait les examens d'Etat. Au centre de la salle se trouve un trône impérial avec un paravent derrière lui. Au-dessus du trône est suspendue une tablette horizontale portant les caractères écrits par l'empereur Qianlong et flanquée de sentences parallèles calligraphiées également par l'empereur Qianlong.

Павильон Баохэдянь【俄文】 Павильон Баохэдянь находится на севере к павильонам Тайхэдянь и Чжунхэдянь. В начале династии Мин он назывался Цзиньшэньдянь и был местом, где император одевался до церемоний. В династии Цин 1-го и 15-го января (по лунному календарю) каждого года император здесь устраивал банкет для князей и вельможей национальных меньшинств. Цинские императоры Шуньцзы и Канси здесь жили. С 1789 г. дворцовые экзамены начали проводиться в этом павильоне. В павильоне установлена ширма и трон, над которым висит доска с надписью императора Цяньлун. К тому же по бокам трона на колоннах есть парные надписи Цяньлуна.

La Baohedian (Sala dell'Armonia Preservata)【意大利文】 L'ultimo dei tre edifici è la Baohedian (Sala dell'Armonia Preservata) che in origine, in epoca Ming era chiamata Sala Jinsheng. Questo era l'ambiente in cui l'imperatore si cambiava d'abiti durante le cerimonie solenne, come quando conferiva i titoli di imperatrice o di principe. Durante la dinastia Qing, in questa sala l'imperatore teneva i banchetti con la casa reale e i ministri delle minoranze nei giorni 1° e 15° del primo mese del calendario cinese lunare. Essa fu la residenza prescelta dagli imperatori Shunzhi e Kangxi della dinastia Qing. A partire dal 1789, durante il periodo del regno di Qianlong della dinastia Qing, nella Baohedian si tennero anche i massimi esami di Stato. Attualmente la sala si presenta con un trono al centro e un paravento in cima ai quali si trovano delle iscrizioni su legno di caratteri cinesi scritti dall'imperatore Qianlong.

Palacio Baohe(Salón de la Preservación de la Armonía)【西文】 Palacio Baohe está al norte del Palacio Zhonghe y Palacio Taihhe, se llamaba salón de Jinshen en la dinastía Ming, es un lugar donde los emperadores se vestían y colocaban su gorro cuando se celebraban las ceremonias del nombramiento de emperatriz y príncipe. Durante la dinastía Qing, los monarcas ofrecían allí banquetes a los reyes, príncipes y gobernantes de otros imperios en la víspera del año nuevo lunar y el día quince del primer mes de año lunar. El emperador Shunzhi y el emperador Kangxi de la dinastía Qing vivían aquí. A partir del año 54 de su mandato(1789), el emperador Qianlong lo destinó también para la celebración de los exámenes imperiales. Hay trono y biombo en el salón, se cuelgan tablero con inscripción horizontal y distico titulados por el emperador Qianlong por encima y a los dos lados del trono.

紫禁城

保和殿内景
An inner view of Baohe Dian (Hall of Preserving Harmony)
保和殿の内部
보화전 내부
Innenansicht der Baohedian
Intérieur de la Salle de l'Harmonie préservée
Внутри Баохэдянь
L'interno della Sala dell'Armonia Preservata
Escena Interior de Baohe Dian

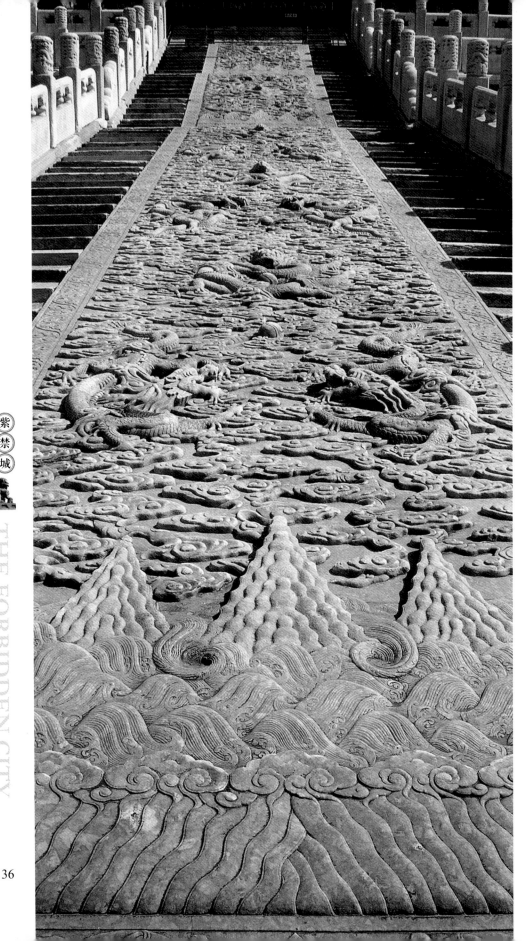

36

云龙石雕 Stone Carving

保和殿后的三层台基的丹陛中间都设有石雕。其中最下方的一块石雕是紫禁城中最大的云龙石雕，因此被称为"大石雕"。这块石雕是用整块艾叶青石雕刻而成，长16.57米，宽3.07米，厚1.7米，重达250吨。石雕上雕刻着被山崖、海水和飞云簇拥的九条蛟龙，象征着真龙天子一统山河。

On the three-tier base behind the Hall of Preserving Harmony are three pieces of dragon stone carving, of which the lowest one is the largest in the Forbidden City, 16.57 meters long, 3.07 meters wide, 1.7 meters thick, and 250 tons heavy, carved and made of a large blue stone. Among the carved mountains, sea and clouds fly nine dragons, bearing the meaning of the emperor unifying the country.

雲竜の石彫【日文】保和殿のうしろの三層の基台にある石段の真ん中には石の彫刻がある。そのなかでも最下方の彫刻は紫禁城でも最大の雲竜の彫刻であるため、「大石彫」と呼ばれている。この石は一枚岩をまるごと用いて彫刻されており、長さ16.57メートル、幅3.07メートル、厚さ1.7メートル、重さは250トンに達する。石彫は九匹の蛟竜(みずち)が山崖や海水や飛雲に囲まれているもので、竜たる天子が山河を統一するという意味をもっている。

운룡 석조【韓文】운룡 계석 어로로 보화전 뒤 3층기반위에 깔려 있다. 길이 16.57m, 폭 3.07m, 두께 1.7m, 무게 250ton인 석재를 사용하였는데 벼랑, 해수, 상운 및 9마리의 반룡이 세겨져 있다. 이는 명나라 때 궁내 최대의 석조이다.

„Neun Drachen in den Wolken" 【德文】 Es handelt sich dabei um das größte Steinrelief im Kaiserpalast. Diese mit Drachen- und Wolkenmustern stilisierte Steinplatte liegt hinter der Baohedian und dient als Treppe. Sie ist 16,57 m lang, 3,07 m breit, 1,70 m dick und 250 t schwer.

Les sculptures sur pierre 【法文】 Au milieu de chacun des trois paliers de la terrasse derrière la Salle de l'Harmonie préservée est disposée une pierre sculptée, dont celle en bas est la plus grande sculpture sur pierre de la Cité interdite. Faite à partir d'une pierre monobloc blanchâtre, elle mesure 16,75 mètres de long, 3,07 mètres de large et 1,7 mètre d'épaisseur, pesant 250 tonnes. Sur cette pierre sont finement sculptés en bas-relief des falaises, des vagues déferlantes et neuf dragons volant dans les nuages, signifiant que le fils du ciel gouverne un Etat unifié.

Каменная резьба Юньлуншидяо 【俄文】 За павильоном Баохэдянь на императорской дороге каждого яруса платформы установлена каменная резьба. Резьба по камню на самом нижнем ярусе – самая большая в Запретном городе. Длина ее – 16,57 м, ширина – 3,07 м, толщина – 1,7 м. Вес – 250 тонн. Она была сделана из одного куска камня. На камне были вырезаны 9 летающих драконов, вокруг которых – скалы, море и облака.

La scultura scolpita del drago (Yunlongshidiao) 【意大利文】 Dietro alla Baohedian si trova la più grande lastra di marmo del Palazzo imperiale. Si tratta della cosiddetta "Scultura di pietra del drago", lunga 16,57metri, larga 3,07 metri e spessa 1,7 metri, elemento centrale delle tre scalinate che conducono dalla terrazza al cortile. Pesa circa 250 tonnellate e vi sono raffigurati nove draghi che giocano in una fitta distesa di nuvole, mentre in basso le onde lambiscono le cinque vette sacre.

Piedras de nubes y dragón 【西文】 Se hallan esculturas de piedras en la terraza de tres pisos detrás del palacio Baohe. Entre ellas, la piedra de nubes y dragón que se encuentra en el caimino imperial es la mayor piedra esculpida en la Ciudad Prohibida, y se conoce como "gran piedra esculpida". Se esculpió en una entera piedra índiga de Aiye. Tiene 16,75 metros de largo, 3,07 metros de ancho, 1,7 metros de espesor y 250 toneladas de peso. En ella aparecen precipio, mar y nueve dragones alrededor de nubes significando la unificación del emperador.

保和殿
Baohe Dian (Hall of Preserving Harmony)
保和殿
보화전
Die Baohedian (Halle der Erhaltung der Harmonie)
La Salle de l'Harmonie préservée
Павильон Баохэдянь
La Baonedian (Sala dell'Armonia Preservata)
Palacio Baohe(Salón de la Preservación de la Armonía)

文渊阁 Wenyuan Ge (Pavilion of Erudite Literature)

文渊阁位于文华殿后，乾隆年间在原明代圣济殿旧址上修建，是清代皇家收藏《四库全书》的书馆。文渊阁坐北面南，外观分为上下两层，阁顶为黑色琉璃瓦顶。在中国古代五行中，黑色属水，寓意防灾防火，用于保护书馆的藏书安全。

Lying behind the Hall of Literary Glory and rebuilt in the old site of Shengji Hall of the Ming Dynasty, the pavilion is the imperial place to collect the *Complete Library of the Four Treasures of Knowledge*. Facing south, the two-storied pavilion is covered with black glazed tiles. According to the Five Elements, the color black symbolizes water, indicating the pavilion could prevent from fire and protect the safety of the collected books.

文渊閣【日文】 文華殿の後ろにある文渊閣は、乾隆年間に明代の聖済殿の旧址に建てられたもので、清の皇室が『四庫全書』を所蔵した書庫である。文渊閣は南向き2階建ての建物で、屋根には黒い瑠璃瓦が使われている。古代の五行学説で水に属する黒色は、防火の意味をもっており、書庫の安全保護のために使われた。

문연각【韓文】 문화전의 뒤켠에 있는 문연각(文淵閣)은 명나라 시기의 성제전(聖濟殿) 원터에 건축한 것으로 청나라 황제들이《사고전서(四庫全書)》를 수장하는 도서관 기능을 수행하여 왔다. 문연각은 남향 건축물, 두 층이고 누각의 지붕은 검은색 유리기와이다. 중국 고대 5행설에서 검은색은 물을 상징하고 화재와 홍수를 방지한다고 하여 도서의 안전을 기도하기 위해 검은색 기와를 사용하였다고 한다.

Wenyuange (Pavillon des Kulturellen Reichtums)【德文】 Wenyuange liegt hinter der Halle der Literarischen Blüte und wurde während Qianlong-Regierungsperiode der Qing-Dynastie zur Aufbewahrung der berühmten Buchreihe „Si Ku Quan Shu" gebaut. Es handelt sich dabei um ein zweistöckiges Gebäude mit einem Dach aus schwarz glasierten Ziegelsteinen.

La Bibliothèque impériale【法文】 Située derrière le Palais de la Culture et construite sur l'emplacement du Palais Shengji des Ming, Wenyuange (la Bibliothèque impériale) était une bibliothèque impériale où fut conservée la Collection complète des œuvres écrites en quatre séries (Siku Quanshu). Donnant sur le sud et avec un toit recouvert de tuiles vernissées noires, ce bâtiment comprend le rez-de-chaussée et un étage. Selon la théorie des Cinq Eléments (eau, feu, bois, métal et terre) pratiquée en ancienne Chine, le noir représente l'eau, suggérant la protection des livres contre l'incendie.

Терем Вэньюаньгэ【俄文】 Находится за павильоном Вэньхуадянь. Был построен на месте бывшем минском павильоне Шэнцзидянь при цинской династии. Это императорская библиотека, где хранился «Сыку цюаньшу» (полное собрание четырех книгохранилищ). Терем стоит лицом к югу и состоит из двух этажей. Крыша его черна. По теории пяти элементов, черный – это цвет воды, которая побеждают огонь. Таким образом, черная крыша может защищать библиотеку от пожаров.

Il padiglione Wenyuan【意大利文】 L'imperatore Qianlong della dinastia Qing fece ricostruire il padiglione Wenyuan alla sede originaria del padiglione Senjitang della dinastia Ming, il padiglione in cui venne sistemato la biblioteca imperiale "Si Ku Quan Shu". Il padiglione, rivolto al sud, ha due piani, con il tetto delle tegole smaltate nere. Secondo la dottrina dei Cinque elementi (metallo, legno, acqua, fuoco e terra) nell'antica Cina, il colore nero è d'acqua che previene l'incendio, significa di proteggere le collezioni della biblioteca.

Pabellón de Wenyuange【西文】 Está situado detrás del Palacio de Wenhua, se estableció en base de Palacio de Shengji de la dinastía Ming durante el reinado del emperador Qianlong. Se sirvió como librería imperial para guardar "Si Ku Quan Shu(primera antología completa china). El Pabellón de Wenyuange se sitúa mirando al sur, se divide en dos pisos. El techo fue cubierto por tejas vidriadas negras. Según el "Wuxing" de la antigua China, el color negro es el símbolo de agua que significa la protección de los libros.

紫禁城

3

内廷篇

Inner Court
内廷編
내정편
Der Innenhof
La cour intérieure
Внутренние
резиденции
La Corte Interna
La Corte Interior

内廷全景
A general view of the Inner Court
内朝の全景
내정 전경
Das Panorama des Innenhofes
Panorama de la cour intérieure
Панорама внутренних резиденций
Il panorama della Corte Interna
Panorama del Corte Interior

内廷是皇帝及皇宫成员日常生活居住的地方。乾清宫、交泰殿、坤宁宫为内廷中心建筑，依次位列于中轴线之上，称为后三宫。后三宫两侧的东、西六宫为宫内妃嫔居住的宫院。

The Inner Court, where the emperor and royal families lived, centers on Qianqing Gong (Palace of Heavenly Purity), Jiaotai Dian (Hall of Union and Peace) and Kunning Gong (Palace of Earthly Tranquility) orderly in the central axis line, commonly known as Three Back Palaces. On their left and right sides are Six Eastern Palaces and Six Western Palaces, where the imperial concubines lived.

【日文】内廷は皇帝や皇宫成員が日常的に居住し生活したところである。乾清宮、交泰殿、坤寧宮が内廷の中心的建築物で、中軸線上の建物につぐ格式をもち、後三宮とよばれる。後三宮の両側の東西六つの宮殿は、宮内で妃や嬪が住んだところである。

【韩文】내정은 황제 및 황궁성원들이 일상생활을 하던 곳이다. 건청궁, 교태전, 곤녕궁은 내정의 주요한 건축물로 차례로 중축선 위에 배열되어 있으며 후삼궁이라고 불린다. 후삼궁의 양쪽의 동서6궁은 비빈들이 거주하던 곳이다.

【德文】Der Innenhof mit den drei Hauptpalästen Qianqinggong (Palast der Himmlichen Reinheit), Jiaotaidian (Halle der Berührung von Himmel und Erde) und Kunninggong (Palast der Irdischen Ruhe) als Mittelpunkt liegt hinter dem Außenhof. Zu seinen andren Bauten gehören die sechs östlichen und die sechs westlichen Paläste. Hier lebte der kaiser zusammen mit seinen Familienmitgliedern und erledigte laufende Staatsangelegenheiten.

【法文】La cour intérieure fut la résidence de l'empereur et des membres de la famille impériale. Le Palais de la Pureté céleste (Qianqinggong), la Salle de l'Union (Jiaotaidian) et le Palais de la Tranquillité terrestre (Kunninggong), disposés l'un derrière l'autre sur l'axe central, sont les principaux bâtiments de la cour intérieure, connus sous le nom de "Trois Palais de derrière". Les Six Palais de l'Est et les Six Palais de l'Ouest des deux côtés furent habités par les concubines.

【俄文】Внутренние резиденции – это место где императоры жили и занимались повседневными делами, жили и веселились их наложницы и дети. Павильоны Цяньцингун, Цзяотайдянь, Куньнингун на центральной оси являются главными сооружениями внутренней части. По обеим сторонам трех главных павильонов –шесть восточных и западных дворцов, где жили наложницы.

【意大利文】La corte interna era riservata alla famiglia imperiale e al suo seguito ed era anche l'area in cui l'imperatore trattava gli affari di Stato. Di essa fanno parte: la Sala della Purezza Celeste, la Sala della Grande Unione e la Sala della Tranquilità Terrena. Distribuiti lungo l'asse centrale questi tre edifici erano detti "I Tre Palazzi della Corte Posteriore". Ai due lati della Corte Interna si trovano i Sei Palazzi d'Est e i Sei Palazzi d'Ovest, ed erano riservati alle concubine.

【西文】La Corte Interior es el lugar donde vivían el monarco y su familia, los palacios de Qianqing(Palacio de la Pureza Celeste), Jiaotai (la Sala de la Unión) y Kunning(Palacio de la Tranquilidad Terrestre) son las construcciones centrales de la Corte Interior que están situadas en la línea central por orden y se conocen como tres Palacios Posteriores. Los demás edificios están en ambos flancos de dicha línea. Estos incluyen los Seis Palacios del Este y Oeste donde vivían las concubinas.

41

乾清门广场 | Qianqing Men (Gate of Heavenly Purity) Square

乾清门是连接内廷与外朝往来的重要通道，清代各朝皇帝都在这里"御门听政"。门前的乾清门广场平坦开阔，每当皇帝在乾清门听政时，文武大臣按照官位品级的高低列队站于广场上。乾清门两侧墙壁上镶嵌琉璃花，门前设有对称相列的铜狮和大铜缸。

The Gate of Heavenly Purity connects the Inner Court and the Outer Court. In the Qing Dynasty, it served as an important place where the emperor handled state affairs. And at this time, ministers should stand in lines at the broad Qianqing Men Square according to their official rankings. Both sides of walls are decorated with vivid glazed flowers in bright color. In front of the gate, the gold-plating copper lions and vats stand symmetrically on both sides.

乾清門広場【日文】乾清門は内廷と外朝をつなぐ重要な通路で、清代には政務を処理する場所を兼ねていて、清代の皇帝たちはここで「御門聴政」を行った。皇帝が乾清門に座り上奏を聞くとき、文武の大臣たちは官位や等級の高低順に門前の広場に列をつくって並んだ。乾清門東西両側の門はそれぞれ東西六宮にゆくための重要な通路である。ふたつの門の外にはそれぞれ九人の大臣の控え室と軍機処がある。軍機処は雍正17年(1729年)に成立し、皇帝が政治を行うのを補佐し、緊急の軍務を行う機構である。

건청궁 광장【韩文】내정과 외조를 연결하는 통로로 청나라시기에는 황제들은 여기서 '어문청정'을 하기도 하였는데 대신들은 관위의 순서로 광장에 서있었다. 건청문 양쪽의 담장은 유리(琉璃)로 장식되고 앞에는 한 쌍의 사자상과 청동 항아리가 대칭되게 놓여 있다.

Der Qianqingmen-Platz【德文】Dieser Platz liegt vor dem Qiaqnqingmen (Tor der Himmlichen Reinheit). Dieses Tor ist eine „Demarkationslinie" zwischen dem Außen- und dem Innenhof. In der Qing-Zeit empfing der Kaiser hier seine Minister zur Audienz und erledigte laufende Staatsangelegenheiten. Links und rechts vor ihm stehen vergoldene Bronzelöwen und bauchige Bronzewasserbehälter. An beiden Seiten des Tors liegen Jiuqing Chaofang (zivile Dienststelle) und Junjichu (militärische Dienststelle). Die militärische Dienststelle wurde im Jahre 1729 auf Befehl des Qing-Kaisers Yong Zheng eingerichtet. Alle Diensthabenden waren hohe Beamte der Qing-Regierung.

L'esplanade de la porte de la Pureté céleste【法文】La porte de la Pureté céleste (Qianqingmen) est une entrée sur l'allée reliant les cours intérieure et extérieure. Sous les Qing, les empereurs assistaient au Conseil devant cette porte pour expédier des affaires politiques. Chaque fois, à ce moment-là, les dignitaires civils et militaires s'alignaient suivant leur grade sur l'esplanade de la porte de la Pureté céleste. Les murs des deux côtés sont ornés de beaux motifs faits de carreaux vernissés. Les lions et les grandes jarres de bronze doré sont symétriquement disposés des deux côtés en dehors de la porte de la Pureté céleste. En dehors des deux portes intérieures de gauche et de droite des deux côtés se trouvent respectivement les cabinets de travail des neuf ministres importants et du Grand Conseil d'Etat. Fondé en l'An 7 (1729) du règne de l'empereur Yongzheng, ce dernier était un organisme pour aider l'empereur à régler les affaires portiques et les affaires militaires urgentes, marquant l'apogée de la monarchie autocratique.

Площадь Цяньцинмэнь【俄文】Ворота Цяньцинмэнь – важный проход, связывающий внешние павильоны с внутренними резиденциями. Императоры Цинской династии иногда принимали здесь официальные доклады. Центр стен по бокам ворот украшен пестрыми стеклянными цветами. Ворота Ныцзомэнь и Ныюмэнь к востоку и западу Цяньцинмэнь – важный проход в шесть восточных и западных дворцов. К западу Цяньцинмэнь находился Цзюньцзичу (Военный совет), созданный в 1729 г.

紫禁城中共有大小铜缸、铁缸308口，均用于储水救火。乾清门前对称相列的10口鎏金大铜缸为清乾隆年间铸造，每口缸重约两吨。1900年八国联军侵略北京时，大缸表面上的黄金被八国联军刮走，至今刮痕还历历在目。

There are 308 copper and iron vats in the Forbidden City which used to save water to prevent fire. A total of 10 gilded copper vats, standing orderly in front of the Gate of Heavenly Purity, each weighing about two tons, were cast during Emperor Qianlong's reign. In 1900, Eight-Power Allied Forces invaded Beijing, and scratched the gold gilded on vats, leaving lines of scratches which are still visible today.

銅がめ【日文】紫禁城内には大小あわせて計308個の銅と鉄のかめがある。すべて水をためて消火に使うためのものである。乾清門前に対称にずらりとならぶ10個の金メッキの大銅がめは、清乾隆年間に鋳造されたもので、それぞれ2トンの重さがある。清朝のとき、大がめの表面は黄金で塗られていた。1900年、八カ国連合軍が北京を侵略した際、大がめの表面の黄金が八カ国連合軍によって削り取られ、今でもその跡がはっきりと残っている。

청동 항아리【韩文】자금성에는 크고 작은 항아리가 308개 있는데 모두 물을 담아 방화작용을 하는 것이다. 건청문 앞에는 서로 대칭되게 10개의 금을 도금한 커다란 항아리가 있는데 건륭연간에 주조된 것으로 매개 항아리의 무게는 약 2ton이다. 청나라 시기 항아리의 표면에 금을 도금하였는데 1900년 8국연합군이 북경을 침략 시, 항아리 표면의 금을 긁어 갔는데 지금도 그 흔적을 찾아볼 수 있다.

Vergoldete Bronzewasserbehälter【德文】Innerhalb des Kaiserpalastes gibt es insgesamt 308 kleine und große Wasserbehälter aus Bronze oder Eisen. Sie dienten zum Feuerschutz. Vor dem Qianqingmen-Tor stehen zehn vergoldete Bronzewasserbehälter. Sie wurden in der Qianlong-Regierungsperiode gegossen. Jeder dieser Wasserbehälter ist 2 t schwer. Als im Jahre 1900 die alliierten Truppen der acht Mächte in Beijing eindrangen, nahmen sie auch den Kaiserpalast ein. Die Goldschichten dieser Bronzewasserbehälter wurden von Soldaten dieser Aggressionstruppen abgeschabt. Die Spuren sind heute noch deutlich zu sehen.

Il piazzale di Qianqingmen (Porta della Purezza Celeste)【意大利文】L'area della Qianqingmen è importante perché collega la due corti interna ed esterna. Durante la dinastia Qing in questa sala si trattavano gli affari di Stato e fungeva inoltre da sala udienze durante le quali i funzionari civili e militari si allineavano nel piazzale di fronte ad essa disposti a seconda del livello gerarchico a cui appartenevano. La parte centrale e gli angoli dei muri ai due lati di Qianqingmen sono decorati con ceramiche investriate. Ai due lati della porta è presente la coppia di leoni, qui rivestiti da uno strato di doratura. I portali ai due lati conducono, quello a destra ai Sei Palazzi d'Est, quello a sinistra ai Sei Palazzi d'Ovest. Inoltre permettono l'accesso agli ambienti detti Jiuqinchaofang e Junjichu. Quest'ultimo fu istituito nel 1729, qui l'imperatore sbrigava gli affari militari con l'aiuto dei consulenti addetti. Il Junjichu è rappresentativo dell'apice raggiunto all'epoca dinastia Qing nella concentrazione del potere monarchico.

La Plaza Qianqingmen【西文】Qianqingmen(Puerta de la Pureza Celeste) es un lugar muy importante que conecta la Corte Interior y la Corte Exterior. Esta también servía como un lugar en donde el emperador atendía la administración, muchas monarcas de la dinastía de Qing escuchaban asuntos de adiministración allí. Cuando el emperador estaba sentado en la puerta Qianqingmen, los cortesanos, generales se alineaba por diferentes categorías jerarquías en la plaza de Qianqingmen. En las paredes de los dos lados de Qianqingmen se encuentran ornamentos de flores de vidriadas espléndidas hermosas. Dos leones de cobre y tinajas se distribuyen simétricamente frente de la puerta. La puerta izquierda interior y la puerta derecha interior de los dos lados de Qianqingmen son dos accesos importantes para los seis palacios Este y Oeste. El departamento está situada afuera de la puerta. En el año 1729, el emperador Yongzheng, de la dinastía Qing, ordenó establecer el departamento militar para ayudar a la monarca administrar auntos del corte y asuntos militares urgentes, es el símbolo de monarquía.

Les grandes jarres de bronze【法文】La Cité interdite possède en tout 308 grandes jarres de bronze et de fonte remplies d'eau pour éteindre des incendies éventuels. Les dix grandes jarres de bronze doré disposées symétriquement devant la porte de la Pureté céleste furent coulées sous le règne de l'empereur Qianlong des Qing, pesant chacune 2 tonnes environ. Lors de l'invasion des Forces coalisées des Huit Puissances en 1900 à Beijing, l'or recouvrant les jarres fut emporté par les envahisseurs et les traces de grattement sont encore nettement visibles de nos jours.

Медные чаны【俄文】В Запретном городе насчитывается всего 308 медных и чугунных чанов для воды в случай пожара. 10 позолоченных медных чанов перед воротами Цяньцинмэнь были вылиты при правлении цинского императора Цяньлун. Вес каждого чана – около 2 тонн. В династии Цин чаны были покрыты золотом. Когда в 1900 г. объединенная армия 8 государств вошла в Пекин, золото на внешности чанов было соскоблено солдатами армии. До сих пор еще можно видеть след от соскабления.

Contenitori in bronzo per la raccolta d'acqua (tonggang)【意大利文】Nel Palazzo imperiale sono presenti 308 grandi recipienti in bronzo o in ferro per la raccolta d'acqua: di grandi e piccole dimensioni servivano per spegnere le fiamme in caso d'incendi. Su entrambi i lati della Qianqingmen se ne trovano dieci, tutti in bronzo dorato. Nel 1900 gli invasori delle Forze alleate di Otto-poteri grattarono via l'oro che ne rivestiva la superficie.

Tinajas de cobre【西文】Hay en total 308 tinajas de cobre y de hierro en la Ciudad Prohibida, todos se usa en caso de guardar agua y de fuego. Los diez tinajas de cobre ubicados simétricamente frente de la puerta Qianqing fueron construidos en los años del emperador Qianlong, cada uno pesa dos toneladas. Se revestieron con oro puro en el superficie de tinajas en la dinastía Qing. Las fuerzas aliadas de las Ocho Potencias invadieron Beijing en 1900, el superficie dorado de los tinajas fueron raspado por ellos, los rastros dejados aún se ven hasta hoy día.

乾清宫
Qianqing Gong (Palace of Heavenly Purity)
乾清宮
건청궁
Der Palast der Himmlischen Reinheit
Le Palais de la Pureté céleste
Павильон Цяньцингун
Il Palazzo della Purezza Celeste
Palacio de Qianqinggong

乾清宫内北部设基台，基台上为宝座、屏风。屏风正面镌刻着康熙皇帝的律己格言，后面刻有乾隆皇帝为格言所写的赞语。屏风前有宝座，上方悬挂清顺治皇帝亲笔题写的"正大光明"匾，匾额与清代皇帝"秘密建储"密切相关。

On the base in the north part of the Palace of Heavenly Purity lie the throne and screen with Emperor Kangxi's self-encouragement motto on its front side and Emperor Qianlong's praise words at its back side. In front of the screen is a throne, over which hangs a board bearing four Chinese characters "Zheng Da Guang Ming" on it, meaning "Integrity and Brightness". The board was closely related with Qing's system of secretly designating the successor to the throne (The name of the secretly-determined crown prince was put into a small box behind the board).

乾清宮内景【日文】乾清宮内の北側に基台が設けられており、基台の上には玉座と屏風がある。屏風の正面には康熙帝の己を戒める格言が彫られており、後ろには乾隆帝の格言に対する賛が刻まれている。玉座上方に掛かっているのは、清の順治帝の親筆による「正大光明」の額で、この額は清代皇帝の「太子密建の法」と密接な関係がある(皇帝が後継者を指名した紙がこの額の後ろに置かれたことを示す)。

건청궁 내부【韓文】북쪽에는 기단이 놓여 있고 그 위에는 보좌와 병풍이 있다. 병풍에는 강희제가 자신을 단속하는 격언이 새겨져 있다. 뒷면은 건륭제가 격언을 위해 새긴 찬사이다. 보좌의 위에는 순치제가 친필한 "정대광명"이라는 편액이 걸려 있다. 이 편액 뒤에는 황제의 후계자가 적힌 밀지를 숨겨두었다고 한다.

Innenansicht des Palastes der Himmlichen Reinheit【德文】 In diesem Palast stehen ebenfalls ein Thron und ein Wandschirm. Über der Hinterwand hängt eine horizontale Tafel mit einer von dem Qing-Kaiser Shun Zhi geschriebenen Inschrift (Zhengda Guangming (Offenheit und Ehrlichkeit). Seit der Herrschaft des Qing-Kaisers Yong Zheng wurde der Kronprinz heimlich bestimmt. Die Liste des zukünftigen Kaisers wurde hinter dieser Tafel versteckt und erst nach dem Tod des Kaisers bekanntgegeben. Der Kaiser erledigte hier auch laufende Staatsgeschäfte und gab an Festtagen seinen Ministern Bankette.

Intérieur du Palais de la Pureté céleste【法文】 Au milieu du palais est bâtie une estrade sur laquelle est placé un trône impérial avec un paravent. Ce dernier porte un maxime sur l'avers que l'empereur Kangxi s'imposait de suivre et les mots d'éloge écrits par l'empereur Qianlong. Au-dessus du trône est accrochée une tablette horizontale portant l'inscription signifiant "Droiture et Loyauté" calligraphiée par l'empereur Shunzhi lui-même. Cette tablette était étroitement liée au choix en secret du prince héritier. Sous les Qing, le Palais de la Pureté céleste était un des importants endroits pour tenir de grandes cérémonies. Deux banquets en l'honneurs de mille vénérables vieillards y eurent lieu. Une fois l'empereur décédé, son cercueil était mis dans ce palais avant les funérailles.

Внутри Цяньцингуна【俄文】 На севере внутри Цяньцингуна установлен постамент, на котором стоит императорский трон и ширма. На фасаде ширмы – девиз, написанный императором Канси, на обороте ее – похвалы о девизе, написанные императором Цяньлун. Прямо над троном висит доска, где написано четыре иероглифа «正大光明» (Чжэндагуанмин), т. е. «справедливость и чистосердечие». Это собственноручная надпись императора Шуньчжи. Потом, начиная с цинского императора Юнчжэн, здесь, за этой доской, прятали завещание императора о назначенном им наследнике престола. Завещание составлялось в двух экземплярах. Один экземпляр император всегда хранил при себе, другой же он прятал за эту доску в специальном ящике. После смерти императора, назначенные сановники открывали этот ящик и объявляли наследника престола. В династии Цин Цяньцингун – место, где часто проводились торжества. Во время династии Цин здесь два раза устраивался «Пир для тысяч стариков». В этом павильоне устраивали траурные церемонии после смерти императора. Где бы ни умер император, его тело обязательно привозили сюда.

L'interno del Qianqinggong【意大利文】 In cima a una piattaforma nella parte settentrionale all'interno del Qianqinggong vi sono un trono e un paravento; sulla superficie di quest'ultimo è incisa una massima dell'imperatore Kangxi, in onore della quale l'imperatore Qianlong, vi incise un inno, sul retro. Sopra sono iscritti i quattro caratteri «zheng da guang ming,» che si riferisce al "retto sovrano che tutto illumina". Dietro a questa iscrizione pare si celasse un nascondiglio in cui l'imperatore poneva il proprio testamento recante il nome del sucessore designato. Durante la dinastia Qing in questa sala avevano luogo le grandi cerimonie e i due banchetti dei "mille anziani". Alla morte dell'imperatore, in epoca Qing, questa era la sala mortuaria dove, prima del funerale, veniva posta la bara del defunto.

Escena Interior de Qianqinggong【西文】 Se halla una terreza en la sala y sobre la terraza, hay un trono y un biombo. Se subscrieron por anverso del biombo sentencias para restringir su mismo escrito por el emperador Kangxi, por el revés, la alabanza de la sentencia escrito por

乾清门前镏金铜狮　A gilt bronze lion guarding the Qianqing Men　乾清門前にある金メッキの銅獅子　건청문 앞동사자　Vergoldete Bronzelöwen vor dem Qianqingmen-Tor　Les lions de bronze doré gardant la porte de la Pureté céleste　Позолоченные медные львы перед воротами Цяньцинмэнь　I leoni dorati davati alla Porta della Purezza Celeste　Leon de oro ante la Puerta de Qianqingmen

el emperador Qianlong. Por encima del trono cuelga un rótulo horizontal cuya inscripción dice: "Integridad y Claridad". Durante la dinastía Qing, detrás de este rótulo el emperador conservaba en secreto el papel de nombramiento de su heredero. Qianqinggong era un lugar muy importante de ceremonia durante la dinastía Qing, se celebraron banquetes de mil ancianos por dos veces. Se colocaron el ataúd de monarco dentro del Palacio de Qianqinggong y luego se celebraron el funeral en otro lugar.

THE FORBIDDEN CITY

金殿 | Golden Halls

乾清宫外基台两侧各有一座金殿，左称江山殿，右称社稷殿。两座金殿形制相同，殿底为3层石台。金殿的重檐宝顶上圆下方，意为天圆地方，江山社稷永固。

On the three-tier stone base outside of the Palace of Heavenly Purity stand two halls — the left one is Jiangshan Dian (Hall of Land) and the right one is Sheji Dian (Hall of Country), both of the same style; the double-eaves roof is round above and square below, implying the stable country.

金殿【日文】乾清宫の外の基台の両側にはそれぞれ金殿がある。左は江山殿、右は社稷殿といわれる。このふたつの金殿は同じかたちをしており、三段の石台のうえに築かれ、二重ひさしの丸屋根で、上が丸く下が四角く、天が円なる場所は国土国家が安泰であるという意味をもっている。

금전【韩文】건청궁 밖의 기단의 양쪽에 각각 하나씩 있다. 좌측은 강산전이고 우측은 사직전(社稷殿)이다. 두 금전(金殿)은 모양이 동일하고 3층 기단에 겹차마에 보정을 얹었다. 위가 둥글고 아래가 네모나는데 하늘은 둥글고 땅은 네모지며 강산과 사직이 영원하라는 것을 뜻한다.

Jindian (auch Jianggshan Sheji Ting genannt)【德文】 Es handelt sich dabei um zwei vergoldete Bronzepavillons an den beiden Seiten des Palastes der Himmlichen Reinheit. Sie symbolisieren die Macht des Kaisers. Jeder Pavillon liegt auf einem Marmorsckel.

Les Palais d'or【法文】 Des deux côtés de la terrasse du Palais de la Pureté céleste se dressent deux pavillons, appelés les "Palais d'or", dont celui de l'est est le Palais du pouvoir impérial (Jiangshandian) et celui de l'ouest, le Palais de l'Etat (Shejidian). Les deux Palais d'or reposent chacun sur une terrasse de pierre en trois paliers. Chaque palais a un toit à double corniche, carré en bas et rond en haut, représentant le ciel rond et la terre carrée et signifiant l'Etat et le pouvoir impérial indestructibles.

Цзиньдянь (медный павильон)【俄文】 По бокам платформы Цяньцингун стоят два Цзиньдянь., которые по внешности одинаковы. Цзиньдянь находится на каменной трехъярусной платформе. Верхняя крыша павильона – кругла, нижняя – квадратна. Это обозначает, небо – кругло, земля – квадратна. И символизирует устойчивость власти.

La Jindian (Sala d'Oro)【意大利文】 Ai due lati della terrazza fuori dal Qianqinggong si ergono due sale dette "d'oro", in cinese Jin (oro) dian (sala) identiche: quella a sinistra era detta Jiangshandian (Stanza del Potere Statale) quella a destra era detta Shejidian (Sala della Terra e dei Raccolti). Le due sale d'oro si ergono su una terrazza di pietra a tre piani. La parte superiore del tetto a due gronde è di forma rotonda, a rappresentare il cielo e il potere dello Stato, mentre la parte inferiore è quadrata che rappresenta la Terra e i raccolti.

Palacio dorado【西文】 Se halla dos palacios dorados a los dos lados de la terraza de Qianqinggong. A la izquierda, Palacio Jiangshan, a la derecha, Palacio Sheji. Los dos palacios tienen la misma forma que se halla teraza de 3 pisos de piedra por abajo del palacio. El techo tiene el estilo de Zhongyan Baoding, por encima, redondo y por abajo, cuadrado. Se significaba que el cielo era redondo y la tierra era cuadrada, el poder imperial estaba estable para siempre.

交泰殿 Jiaotai Dian (Hall of Union and Peace)

交泰殿位于乾清宫之后。殿内顶部为盘龙衔珠藻井，殿中设宝座，宝座后有一面板屏。交泰殿也是非常重要的典仪场所，每年千秋节（皇后的生日）之时，皇后都要在交泰殿接受各方庆贺之礼。

The hall lies behind the Palace of Heavenly Purity; the ceiling is of caisson carved a dragon with pearl in the mouth; in the middle of the hall sits a throne, behind which stands a screen; the hall is where the empress used to receive congratulation gifts on her birthday.

交泰殿【日文】交泰殿は乾清宮のうしろにあり、殿の天井は竜が玉をくわえている装飾が施され、内部には玉座があり、そのうしろには一枚の板の屏風がある。交泰殿もまた非常に重要な儀礼が行われた場所で、毎年の千秋節（皇后の誕生日）の日には、皇后はここ交泰殿でいろいろなところから来た祝賀使節に接見した。

교태전【韩文】건청궁 뒤에 있으며 천정에는 용이 구슬을 가지고 노는 그림이 있으며 중앙에는 보좌가 설치되고 그 뒤는 병풍이 있다. 교태전 역시 의식을 거행하는 중요한 장소이다. 매년 천추절(황후의 생일)이면 황후는 교태전에서 축사를 받는다.

Die Jiaotaidian (Halle der Berührung von Himmel und Erde)【德文】 Die Jiaotaidian liegt hinter dem Qianqinggong. Während der Ming- und Qing-Zeit feierten die Kaiserinnen hier ihre Geburtstage und züchteten im Frühling Seidenraupen, um ihre Tüchtigkeit zu demonstrieren. Hier werden heute noch 25 kaiserliche Siegel aus Jade aufbewahrt, die im Jahre 1747 vom Qing-Kaiser Qian Long gewählt wurden.

La Salle de l'Union【法文】 Située derrière le Palais de la Pureté céleste, la Salle de l'Union symbolisait la vie harmonieuse de l'empereur et de l'impératrice. Le caisson du plafond de cette salle est orné d'un dragon lové tenant une boule dans la bouche. Au milieu de la salle est placé un trône impérial derrière lequel se trouve un paravent. Dans cette salle sont conservés 25 sceaux que l'empereur Qianlong choisit personnellement. Sous les Qing, chaque sceau avait sa propre utilité. La Salle de l'Union fut aussi un important lieu pour tenir de grandes cérémonies. Chaque année, lors de la Fête des Mille Automnes (anniversaire de l'impératrice), l'impératrice y acceptait les félicitations adressées par tout le monde. Au printemps de chaque année, à la veille du jour où elle

irait présider les rites sacrificiels à l'Autel des vers à soie, l'impératrice y examinait les outils pour cueillir des feuilles de mûrier.

Павильон Цзяотайдянь【俄文】 Находится за павильоном Цяньцингун. На потолке павильона – кессон с изображением дракона, во рту которого – жемчужина. В центре павильона стоит императорский трон. Здесь хранились 25 главных печатей при императоре Цяньлуне. При цинской династии каждая печать имела свое назначение. Цзяотайдянь еще служил залом для семейных торжественных мероприятий. Здесь императрицы принимали поздравления ежегодно в день рождения. Каждой весной императрица проверяла инструменты для сбора листьев туты за день до проведения церемонии в храме Сяньцаньтань.

La Jiaotaidian (Sala della Grande Unione)【意大利文】 Situata dietro il Qianqinggong, la Jiaotaidian (Sapa della Grande Unione) simbolizzava la vita armoniosa dell'imperatore e dell'imperatrice. Al suo interno, sopra il trono, uno stupendo soffitto a cassettoni decorato con draghi che giocano con la perla infuocata. Dietro il trono, ancora una volta, si trova un paravento. Qui oggi sono esposti venticinque sigilli imperiali di epoca Qing. In passato vi si tenevano importanti cerimonie: in occasione della festa Qianqiu (compleanno dell'imperatrice), l'imperatrice veniva a prendere tutti i regali provenienti tutte offerti da ogni dove. Il primo giorno della Cerimonia del Sacrificio all'Altare dei Bachi da Seta, l'imperatrice veniva a controllare gli strumenti per la raccolta delle foglie di gelso.

Palacio de Jiaotai(Sala de la Unión)【西文】 Este palacio está ubicado detrás del Palacio de Qianqinggong, es el símbolo de la vida harmónica del emperador y su esposa. Hay un artesonado de dragón danzando con una perla en la boca en el techo y un trono en el palacio. Un biombo está atrás del trono. Se conservan 25 sellos rectangulares seleccionado por el emperador Qianlong. Cada sello tiene su uso especial en la dinastía Qing. Ese palacio tambien es un lugar importante para celebrar ceremonia. la emperatriz recibía felicitaciones allí cuando pasaba la fiesta de mil años(su cumpleaños). En cada primavera ella revisó la herramienta de recoger hojas de morera en la víspera de celebrar la ceremonia de sacrificio en un templo.

無爲

交泰殿銘

乾清宮後坤寧宮前殿名
交泰象取地
天不顯

祖宗奉若宮殿居正臨民
明旦旦始惟宮臺速
鄰以御家邦必本修身
祗循名亦欽責健
中所其無逸財成輔
往大來
無為以治
聖訓昭垂小人道消長
道長以左右民尚慎民
持盈保泰勿恤其孚
斯年凜懷永圓
乾隆壬辰孟春月之吉
御製并書

聖

關雎麟趾立王化元

恒久咸和遊天休

交泰殿
Jiaotai Dian (Hall of Union and Peace)
交泰殿
교태전
Die Jiaotaidian (Halle der Berührung von Himmel und Erde)
La Salle de l'Union
Павильон Цзяотайдянь
La Jiaotaidian (Sala della Grande Unione)
Palacio de Jiaotai(Sala de la Unión)

坤宁宫 | Kunning Gong (Palace of Earthly Tranquility)

　　坤宁宫在明代为皇后的寝宫，清顺治年间仿照沈阳清宁宫改建。改建后的坤宁宫作为宫内萨满教的祭祀场所和皇帝举行大婚时的洞房。

Originally the empresses' bedchamber in the Ming Dynasty, the palace was modeled after the Palace of Pure Tranquility in Shenyang Imperial Palace and served as the worshipping hall for Shamanism and the bridal chamber for emperors' wedding.

坤宁宫【日文】坤宁宫は明代には皇后の寝宮として使われており、清の順治年間に、瀋陽の清寧宮を模倣して改築された。改築後の坤寧宮ではシャーマニズムの祭祀が行われたり、皇帝の結婚式の際に新婚部屋として使われたりした。

곤녕궁【韓文】곤녕궁(坤寧宮)은 명나라 황후의 침소이고, 청나라 순치제 년간에 심양의 청녕궁(淸寧宮)을 모방하여 수건한 것이다. 수건후 곤녕궁은 궁내 사르만교의 제사장소 및 황제 대혼일 합방을 치르는 장소였다.

Kunninggong (Palast der Irdischen Ruhe)【德文】 Kunninggong wurde in der Ming-Zeit als Schlafgemach für die Kaiserin gebaut und in der Shunzhi-Regierungsperiode der Qing-Dynastie nach dem Muster des Qingning-Palastes in Shenyang umgebaut. Von da an diente dieser Palast als Brautgemach für das Kaiserehepaar. Darüber hinaus fanden hier auch Zeremonie des Schamanismus statt.

Le Palais de la Tranquillité terrestre【法文】 Sous la dynastie des Ming, le Palais de la Tranquillité terrestre (Kunninggong) servait de chambre à coucher à l'impératrice. Sous le règne de l'empereur Shunzhi des Qing, il fut reconstruit sur le modèle du Palais de la Tranquillité parfaite (Qingninggong) à Shenyang. Désormais, ce palais servait de lieu d'activités religieuses aux chamanistes et de chambre nuptiale à des empereurs.

Павильон Куньнингун【俄文】 При династии Мин в павильоне Куньнингун находилась опочивальня императрицы. В годы правления цинского императора Шуньцзи павильон был перестроен под шэньянский Циннингун. Перестроенный павильон служил местом для жертвоприношения шаманизма и проведения свадьбы императора.

Il Palazzo della Tranquilità Terrena【意大利文】 Il Palazzo della Tranquilità Terrena era la camera dal letto per le imperatrici di epoca Ming. L'imperatore Shunzhi della dinastia Qing fece trasformare il palazzo secondo il palazzo Qingning a Shenyang. Dopo il trasformato il palazzo era il luogo destinato ai riti shamannisti nell'interno nel Palazzo imperiale ed alla sala nuziale dell' imperatore.

Kunninggong(Palacio de la Tranquilidad Terrestre)【西文】 Durante la dinastía Ming, Kungninggong era el palacio oficial donde residía la emperatriz. Se reconstruyó imitando el Palacio de Qingning de Shenyang durante el reinado de Shunzhi de la dinastía Qing. Era el lugar donde se realizaba las ceremonias religiosas y se sirvió como alcoba nupcial.

坤宁宫内景 An inner view of Kunning Gong (Palace of Earthly Tranquility)

清顺治年间，根据满族祭祀神明的习俗将坤宁宫西端四间改造成萨满教祭神的主要场所。凡遇大祭之日，皇帝、皇后都会亲来祭神。

During Emperor Shunzhi's reign, in line with the worshipping customs of the Manchu minority, the west parts of the palace were changed into the worshipping hall for Shamanism. On the day when the sacrificial ceremony was held, emperors and empresses would come to worship the gods.

坤寧宮【日文】清の順治帝時代に、満州族の神を祀る習慣に基づき坤寧宮の西の四間をシャーマニズムの祭祀場所とした。祭りの日には皇帝皇后がここに来て、神を祀った。

곤녕궁 내부【韩文】청나라 순치제 년간, 만족의 제사 풍속에 따라 곤녕궁(坤寧宮)의 서쪽 방 4개를 사르만교 제사의 주요 장소로 하고 무릇 대제일이면 황제와 황후가 직접 제사를 지냈다고 한다.

Innenansicht des Kunninggong【德文】 Während der Shunzhi-Regierungsperiode der Qing-Dynastie wurden vier Zimmer des Palastes der Irdischen Ruhe umgebaut. Hier fanden Zeremonien des Schamanismus statt, an denen Kaiser und Kaiserin immer teilnahmen.

Intérieur du Palais de la Tranquillité terrestre【法文】 Sous le règne de l'empereur

Shunzhi des Qing, conformément aux usages des Mandchous lors du culte rendu aux divinités, les quatre pièces de l'extrémité ouest du Palais de la Tranquillité terrestre furent réaménagées en lieu de culte des divinités. Aux jours du grand sacrifice, l'empereur et l'impératrice venaient rendre un culte aux divinités.

Интерьер Куньнингуна【俄文】 В годы правления цинского императора Шуньцзи четыре комнаты на западе Куньнингуна были перестроены в священную камеру шаманизма. Император и императрица приезжали сюда на жертвоприношение.

L'interno del Palazzo della Tranquilità Terrena【意大利文】 Durante il periodo dell'imperatore Shunzhi della dinastia Qing, secondo gli usi e i costumi mancesi, le quattro stanze nella parte occidentale del Palazzo della Tranquilità Terrena prendevano parte ai riti Shamannisti, dove venivano a fare il sacrificio l'imperatore e l'imperatrice durante il giorno di sacrificio.

Escena interior de Kunninggong【西文】 Durante el reinado del emperador Shunzhi de la dinastía Qing, se ordenó reformar las cuatro habitaciones de la parte oeste del palacio de Kunninggong en un lugar para ofrecer ceremonias religiosas. El emperador y la emperatriz se participaban en los ritos.

坤宁宫东暖阁 | East Chamber of Kunning Gong (Palace of Earthly Tranquility)

坤宁宫位于后三宫最北，明代时是皇后的寝宫。到了清代，坤宁宫东暖阁被设为皇帝大婚时的洞房。现今东暖阁洞房内是光绪皇帝大婚时布置的原貌。

The Palace of Earthly Tranquility lies at northern point of the Three Back Palaces. It was the bedchamber of Ming empresses, and in the Qing, its East Chamber was made the emperor's bridal chamber. The furnishings what we see now display the original look on Emperor Guangxu's wedding.

坤寧宮東暖閣【日文】坤寧宮は後三宮の最北端にあり、明代には皇后の居住場所であった。清代になって坤寧宮暖閣に、皇帝の結婚式のときの新婚部屋が設けられた。現在の東暖閣の新婚部屋内は光緒帝の大婚のときの配置のままである。

곤녕궁 동난각【韓文】곤녕궁은 후3궁의 제일 북쪽에 위치해 있으며 명나라 시기에는 황후의 침궁이였다. 청나라시기 곤녕궁의 동난각은 황제의 신혼 침실로 사용되었다. 현재의 모습은 광서제의 신혼시 배치한 원 모습이다.

Der Kunninggong (Palast der Irdischen Ruhe)【德文】 Der Kunninggong ist der letzte der drei Hauptpaläste innerhalb des Innenhofes. In der Ming-Zeit diente er als Schlafgemach für die Kaiserin. Während der Qing-Zeit wurde dieser Palast in zwei Teile gegliedert. Der östliche Teil mit dem Namen Dongnuange diente als Brautgemach für das Kaiserehepaar und der westliche Teil mit dem Namen Xinuange als eine schamanistische Gebetshalle. Drei Qing-Kaiser Kang Xi, Tong Zhi und Guang Xu feierten hier ihre Hochzeit. Das Brautgemach für das Kaiserehepaar Guang Xu ist heute noch original erhalten.

Le Pavillon de la Tiédeur de l'Est du Palais de la Tranquillité terrestre 【法文】 Situé le plus au nord des Trois Palais de derrière, le Palais de la Tranquillité terrestre (Kunninggong) servait de chambre à coucher de l'impératrice sous les Ming. Sous les Qing, le Pavillon de la Tiédeur de l'Est (Dongnuange) du Palais de la Tranquillité terrestre fut converti en chambre nuptiale de l'empereur et le Pavillon de la Tiédeur de l'Ouest (Xinuange), en temple du shamanisme. Le Palais de la Tranquillité terrestre fut la chambre nuptiale des empereurs Kangxi,

Tongzhi et Guangxu des Qing. Le Pavillon de la Tiédeur de l'Est garde aujourd'hui encore son aspect originel lors du mariage de l'empereur Guangxu.

Восточный флигель павильона Куньнингуна【俄文】 Павильон Куньнингун – последний дворец на центральной оси внутренних резиденций. При минской династии здесь находилась опочивальня императрицы. При цинской династии этот дворец был реконструирован по маньчжурскому стилю. Западный флигель был реконструирован в священную камеру шаманизма. В восточном флигеле вы видите брачное ложе для новобрачных. Здесь отмечалась свадьба трёх цинских императоров (Канси, Тунчжи и Гуансюй). Сегодня вы еще можете видеть, как расставлены вещи в этой комнате при свадьбе императора Гуансюй.

Il Kunninggong (Palazzo della Tranquilità Terrena), e il Dongnuange (Sala del Calore d'Oriente)【意大利文】 Ultimo dei tre palazzi posteriori, il Kunninggong fungeva da camera da letto per le imperatrici in epoca Ming. Durante la dinastia Qing, nell'ala orientale del Kunninggong si trovava il Dongnuange, ovvero l'appartamento nuziale imperiale. La sala opposta ad essa, detta Xinuange, del calore d'Occidente, era l'ambiente sacro dedicato ai sacrifici e ai riti sciamani. Il Kunninggong fu la camera nuziale degli imperatori Kangxi, Tongzhi e Guangxu dei Qing. L'interno del Dongnuange così come si presenta ancora oggi è l'originale delle nozze dell' imperatore Guangxu.

Pabellón Dongnuan (del Calor del Este) del Palacio de Kunning【西文】 El palacio de Kunning está situado al norte de los dos palacios mencionados. Durante la dinastía Ming, Kunninggong era el palacio oficial donde vivía la emperatriz. En la dinastía Qing, Pabellón Dongnuan era la alcoba nupcial de los emperadores. Y el pabellón Xinuan se empleaba para las ceremonias religiosas. Ese pabellón era alcoba nupcial de los emperadores de Kangxi, Tongzhi y Guangxu. Ahora el pabellón Dongnuan guarda los aspectos originales como alcoba nupcial del emperador Guangxu.

光绪皇帝大婚图 | Emperor Guangxu Getting Married (Partial)

在清代，皇帝大婚是一件极为重要的大事，举行大婚当日，宫内张灯结彩，举行场面隆重的奉迎、册立等各种礼仪。

In the Qing Dynasty, the emperor's wedding was a magnificent event. On the wedding day, the whole palace was all decorated with lanterns and colored hangings, and ceremony like welcoming and determining the empress' place was held.

光緒帝の大婚礼図【日文】清代には、皇帝の結婚式はとても重要な儀式で、挙行される日には、宮内は美しく飾り付けられ、奉迎や册立などの各種の儀式が盛大に厳かに行われた。

광서황제대혼도【韩文】청나라시기 황제의 혼례식은 아주 중요한 행사였으며 혼례식 당일 궁전은 초롱을 내걸고 오색천으로 장식하였으며 아주 성대하게 의식을 거행하였다.

„Die Hochtzeit des Kaisers Guang Xu"【德文】Es handelt sich dabei um eine chinesische Malerei, die im Palastmuseum aufbewahrt wird. Sie zeigt, wie feierlich die Hochzeit des Qing-Kaisers Guang Xu gehalten wurde.

La peinture illustrant la noce de l'empereur Guangxu【法文】Sous les Qing, le mariage de l'empereur était un événement extraordinaire. Le jour même du mariage de l'empereur, on voyait partout des lanternes accrochées et des ornements de soie suspendus dans le Palais de la Tranquillité terrestre. S'y tenaient de grandes cérémonies telle celles en l'honneur de la nouvelle épousée, d'octroi des titres nobiliaires, etc.

Картина свадьбы императора Гуансюй【俄文】При цинской династии свадьба императора – важное событие страны. В день свадьбы в Запретном городе украшались фонарями и шелком, устраивались торжественные церемонии.

Il quadro della "cerimonia nuziale dell'imperatore Guangxu"【意大利文】In epoca Qing, le nozze dell'imperatore erano considerate un evento particolarmente importante. In quest'occasione in tutto il Palazzo imperiale venivano appese delle lanterne rosse (il rosso in Cina è ancora il colore simbolo del matrimonio, che ebbe origine nella funzione protettiva attribuita dall'antica società cinese, al fuoco, che si pensava tenesse lontani gli spiriti maligni), si svolgevano diversi riti fra i quali anche "la cerimonia del raccolto" (in cui si andava a prendere l'imperatrice) e la cerimonia in cui si conferiva il titolo di imperatrice.

Dibujo de la boda del emperador Guangxu【西文】Las nupcias del emperador fueron un asunto muy importante en la dinastía Qing, en el día de boda se adornó con faroles y tiras de seda multicolores en todo el palacio y se celebró las ceremonias de aceptación y nombramiento con solemnidad.

54

御花园 | Yu Hua Yuan (Imperial Garden)

御花园位于紫禁城中轴的尽头，是帝后妃嫔们游玩、休息的场所。御花园占地11000多平方米，园内松、柏、竹之间点缀着山石，形成四季长青的园林景观。

The Imperial Garden, located at northern point of the axis line and covering a total area of around 11,000 square meters, was a place of amusement for the emperor, empress and concubines. Pine trees, cypresses, and bamboos, interspersed with hills and rocks, display evergreen scenery all year round.

御花園【日文】御花園は紫禁城の中軸の最後部にあり、皇帝、后妃や嬪たちが、遊んだり休息したりする場所であった。御花園の敷地は11000平方メートルあまりで、園内には松や柏や竹の間に山石が置かれて、四季を通じて緑が茂っている。

어화원【韩文】어화원은 자금성 중축의 북쪽 끝에 있으며 황제와 황후 및 비빈들이 휴식하던 장소이다. 어화원의 면적은 11000여㎡로 소나무, 측백, 대나가 심어져 있고 나무사이에 가산들이 배치되어 사시장철 아름다움을 자랑하고 있는 원림이다.

Palastgarten【德文】 Der Palastgarten, auch der Kaiserliche Blumengarten genannt, liegt im Norden des Kaiserplastes und deinte als Vergrnügspark für den Kaiser und ihre Frauen und Konkubinen. Auf einer Fläche von 11 000 Quadratmetern sieht man hier viele uralte Kiefern und Zypressen, verschiedene Blumen und üppige Bambushaine, künstliche Felsanalagen, Lauben und Pavillons.

Jardin impérial【法文】 Situé à l'extrémité nord de l'axe central de la Cité interdite, le Jardin impérial permettait à l'empereur, à l'impératrice et aux concubines de se distraire et de se détendre. Dans ce jardin couvrant 11 000 mètres carrés poussent à merveille des pins, des cyprès et des bambous entre lesquels sont disséminées des pierres et des rocailles. Tout au long de l'année, le jardin présente une verdure ravissante. Dans la Salle Qin'an, principal édifice du Jardin impérial, se dresse la statue de Xuanwu, souverain divin du Nord. C'est dans l'espoir d'obtenir son aide contre l'incendie que l'on rendait un culte à cette divinité.

Императорский сад【俄文】 В самой северной части Запретного города находится Императорский сад - Юйхуаюань. Здесь императоры с семьёй и многочисленными наложницами веселились, любовались красотами природы. Общая площадь императорского сада около 12000 квадратных метров. Он представляет собой образец садово-паркового искусства. На относительно небольшой территории архитекторам удалось создать ощущение значительного пространства. В центре сада находится храм Циньаньдянь, где вылеплена фигура даоского Бога Сюаньу.

Giardino Imperiale【意大利文】 Situato all'estremità nord lungo l'asse centrale della Città Proibita, il Giardino Imperiale era il luogo in cui l'imperatore, l'imperatrice e le concubine trascorrevano il tempo libero e svolgevano delle attività ricreative. Su una superficie di 11.000 metri quadrati sono presenti pini, cipressi, bambù, pietre e una collina artificiale che costituiscono uno scenario verde tutto l'anno. Al centro del giardino si erge il Qin'andian (Palazzo della Pace Imperiale), dove si conservava Xuanwudadi che simbolizzava la protezione contro gli incendi.

Jardín Imperial【西文】 Jardín imperial ocupa el último tramo de la línea axial central de la Ciudad Prohibida. Es un lugar exclusivo del emperador, su esposa y las concubinas para la diversión y descanso. El jardín ocupa 11.000 metros cuadrados de superficie, por lo cual contiene, además de edificios, plantas, árboles, estanques y roquedales que constituye un paisaje verte todo el año. El palacio Qin'an es el centro del parque. Se veneró el emperador Xuanwu en el palacio quien es el dios de protección, bendición y evitación de fuego.

钦安殿正门——天一门　Tianyi Men (Gate of the Heaven's First Creation), the main entrance to Qin'an Dian (Hall of Imperial Peace)　欽安殿正門——天一門　흠안전 정문——천일문　Das Tianyimen-Tor, Haupteingang der Qin'an-Halle　La porte Tianyi, porte principale de la Salle de la Tranquillité impériale　Парадные ворота павильона Циньаньдянь – Тяньимэнь　Il portale principale del Palazzo della Pace Imperiale – la Porta Tianyi　Puerta Tianyimen- la entrada principal del Palacio de Qian´an

钦安殿 Qin'an Dian (Hall of Imperial Peace)

钦安殿位于御花园的正中，是宫内重要的道教建筑。殿内供奉的玄武大帝为北方水神，能够庇佑防火，保护宫中建筑的安全。

The Hall of Imperial Peace, situated in the center of the Imperial Garden, is an important Taoist place in the Forbidden City. The Immortal Xuanwu enshrined in the hall is said to be the Water God defending in the north, thus it could prevent the outbreak of fire and protect the constructions' safety in the palace.

钦安殿【日文】钦安殿は御花園の真ん中にあり、宮中の重要な道教の建築物である。そこに祀られている玄武大帝は北方の水神で、防火のご利益があり、建物の安全保護の役割をもっている。

흠안전【韩文】어화원 중심에 있는 흠안전(钦安殿)은 궁내 중요한 도교 건축이다. 대전에 모신 북방수신 현무대제는 화재를 막고 건축물의 안전을 지켜준다고 한다.

Die Qin'an-Halle【德文】Diese Halle liegt in der Mitte des Palastgartens und diente als eine heilige Stätte des Taoismus im Kaiserhof. In diser Halle wird eine Statue von Xuanwu, einer der vier daoistischen Gottheiten, als Feuer-Schutzengel verehrt.

La Salle de la Tranquillité impériale【法文】Située dans le centre du Jardin impérial, la Salle de la Tranquillité impériale (Qin'an) est un important édifice consacré au taoïsme. La statue installée dans cette salle représente le souverain Xuanwu, divinité de l'Eau du Nord. De ce fait, on espérait qu'il pourrait protéger le palais de l'incendie.

Павильон Циньаньдянь【俄文】Находится в центре императорского сада и является важным даосским сооружением в Запретном городе. Бог Сюаньу в павильоне является божеством воды на севере, которое защищает сооружения от пожаров.

Il Palazzo della Pace Imperiale【意大利文】Al centro del Giardino imperiale sorge un tempio taoista, il Palazzo della Pace Imperiale, importante architettura daoista della Città Proibita, dove ha conservato il Gran imperatore Xuanwu, Dio dell'Acqua a Nord, protettore di prevenire l'incendio del Palazzo Imperiale.

Palacio de Qin'an【西文】Este palacio está en el centro del Jardín Imperial, es una arquitectura importante de Taoísmo. Se veneran en el palacio el Emperado Xuanwu como el Dios de Agua para proteger el palacio de fuego.

御花园内亭子 Pavilions in the Imperial Garden

钦安殿左右有四座亭子，北边有浮碧亭和澄瑞亭，南边的是万春亭和千秋亭，四座亭子造型纤巧秀丽，为御花园增色不少。

The Hall of Imperial Peace is surrounded with four pavilions, namely, the Pavilion of Floating Green and the Pavilion of Pure Luck in the north, the Pavilion of Ten Thousand Springs and the Pavilion of One Thousand Autumns in the south, all with ingenious and pretty image, adding much beauty to the garden.

御花園のあずまや【日文】钦安殿は左右に四つのあずまやをもち、北は浮碧亭と澄瑞亭、南は万春亭と千秋亭である。この4つのあずまやは造形がたくみで美しく、御花園を美しく飾っている。

어화원정자【韩文】흠안전의 좌우에는 모두 4개의 정자가 있다. 북쪽의 부벽정과 징서정, 남쪽의 만춘정과 천추정은 모양이 수려하여 어화원에 이채를 돋구어 주고 있다.

Ein Pavillon im Palastgarten【德文】Im Kaiserpalast gibt es viele buddhistische und taoistische Sakralbauten. Die Qin'an-Halle ist eine heilige Stätte des Taoismus innerhalb des Palastgartens. Im Norden dieser Halle stehen die Pavillons Fubi und Chengrui und im Süden die Pavillons Wanchun und Qianqiu.

Les kiosques dans le Jardin impérial【法文】Non loin de la Salle de la Tranquillité impériale (Qin'an) se dressent quatre kiosques : le Kiosque de la Verdure émergente (Fubiting) et le Kiosque de Bon Augure (Chengruiting) au nord, le Kiosque des Dix Mille Printemps (Wanchunting) et le Kiosque des Mille Automnes (Qianqiuting) au sud. D'une structure ingénieuse et d'une apparence agréable à voir, ces quatre kiosques ajoutent grandement à la beauté au Jardin impérial.

Беседки в императорском саду【俄文】Около храма Циньаньдянь есть 4 беседки: Фубитин и Чэнжуйтин на севере, Ваньчуньтин и Цяньцютин на юге. Эти четыре уникальные беседки придают императорскому саду другое очарование.

Un padiglione nel Giardino Imperiale【意大利文】A sinistra e a destra del Qin'andian si trovano quattro padiglioni: il Fubiting (padiglione del Verde al Tramonto) e il Chengruiting (padiglione della Gioia Pura) a nord, il Wanchunting (padiglione dell'Eterna Primavera) e il Qianqiuting (padiglione della Longevità) a sud. Tutti edificati in uno stile architettonico di raffinata fattura.

Quioscos en el Jardín Imperial【西文】Se encuentra cuatro quioscos a los dos ladso de ese palacio, el quiosco Fubi y el quiosco Chengrui al norte, los quioscos Wanchun y Qianqiu al sur. Los cuatro quioscos son muy hermosos y exquisitos constitutuyendo un paisaje especial en el Parque Imperial.

千秋亭
The Pavilion of One Thousand Autumns
千秋亭
천추정
Der Qianqiu-Pavillon
Le Kiosque des Mille Automnes
Беседка Цяньцютин
Il padiglione della Longevità
Quiosco de Mil Otoño

堆秀山、御景亭 | Duixiu Shan (Hill of Gathered Excellence) and Yujing Ting (Pavilion of Imperial Scenery)

御花园内东北角有一座用太湖石叠筑而成的堆秀山，山上有一座四角攒尖顶的御景亭。每年九月初九皇帝都会携后妃们登亭远眺，叫做九九登高。

In the northeast of the Imperial Garden is Hill of Gathered Excellence, stacked by lake stones, on top of which sits the Pavilion of Imperial Scenery of conical pyramid roof; it's where emperors, empresses and imperial concubines enjoyed the Double-Nine Festival (the 9th day of the 9th lunar month).

堆秀山、御景亭【日文】園内の東北部に太湖石が折り重なる堆秀山がある。山の上には四角いとんがり屋根をもつ御景亭がある。毎年九月九日に、皇帝は后妃や嬪をともなってここに登って眺めを楽しみ、「九九登高(重陽の日に高いところに登る風習)」とした。

퇴수산, 어경정【韓文】어화원의 동북쪽에는 태호석으로 만든 퇴수산이 있으며 산위에는 어경정(御景亭)이 있다. 어경정은 9월 9일 중양절(重陽節)이면 황제와 황후, 비빈들이 함께 올라 멀리 바라보며 즐기던 곳이다.

Der Duixiu-Berg und der Yujing-Pavillon【德文】 Der Duixiu-Berg ist eine künstliche Felsanlage an der nordöstlichen Ecke des Palastgartens. Der Yujing-Pavilon liegt auf dem Duixiu-Berg. Alljährlich am 9. Tag des 9. Mondmonats stieg der Kaiser mit seinen Frauen und Konkubinen auf diesen „Berg", um die schöne Herbstlandschaft zu bewundern.

La Colline au spectacle ravissant et le Kiosque du Spectacle impérial【法文】 Dans le coin nord-est du Jardin impérial s'élève une rocaille formée de pierres provenues du lac Taihu, appelée la Colline au spectacle ravissant (Duixiushan), sur laquelle repose le Kiosque du Spectacle impérial (Yujingting), qui a un toit relevé aux quatre angles. Le 9e jour du 9e mois de lune de chaque année, l'empereur venait avec l'impératrice et les concubines sous ce kiosque pour regarder au loin.

Горка Дуйсюшань и беседка Юйцзинтин【俄文】 На северо-западе сада возвышается искусственная горка Дуйсюшань, сложенная из массивных каменных глыб. На вершине этой горки находится Юйцзинтин. Каждый год 9-го сентября по лунному календарю император со своими наложницами поднимался на эту горку любоваться окружающим пейзажем, ведь это традиционный праздник Чуньянцзе.

La Duixiushan (Collina dell'Eleganza Accumulata) e il Yujingting (Padiglione del Paesaggio Imperiale)【意大利文】 Detta Collina dell'Eleganza Accumulata, all'interno del Giardino Imperiale nella corte posteriore la Duixiushan è una composizione artificiale creata con le rocce tratte dal fondo del Lago Tai, in cima ad essa si erge il Yujingting, un padiglione da cui l'imperatore e l'imperatrice ammiravano il paesaggio durante la Festa di Mezz'autunno.

Colina Duixiu(de Excelencias Acumuladas), Qiosco Yujing(de la Vista Imperial)【西文】 En el jardín, al nodeste, hay una montaña artificial que acumula piedras de lago Taihu de formas muy particulares. Encima de ella se halla el quisco Yujing. Cada 9 de septiembre según el calendario lunar, el emperador, la emperatriz y las concubinas subían al quiosco para apreciar el precioso paisaje, se llama "subir a las alturas en el 9 de septiembre".

连理树 Lianli Trees

　　御花园中有十几株连理树，皆为宫中花木工匠精心培育而成，有"在天愿作比翼鸟，在地愿为连理枝"之意。栽于园内中轴线上的一株连理树，两树干在轴线上方缠绕生长，末代皇帝溥仪与皇后婉容曾经在此树前合影。

　　Dozens of Lianli trees are growing in the Imperial Garden (Lianli trees are two trees whose branches are interlocking), all planted and taken good care of by florists. The name indicates people's wish of being inseparable king birds in sky and Lianli trees on land. Of the trees, the most famous ones are the pair crossing the axis line, in front of which the last Qing emperor Puyi and his wife took a photo.

連理樹【日文】御花園のなかには十数株の連理樹(二本の木が癒合して一本になった木)があり、宮中の園丁が丹精こめて育て上げたものである。「天上にあっては羽根を並べて飛ぶ鳥でありたい、地上にあっては連理枝でありたい」という意味が込められている。園内の中軸線上にある一本の連理樹は、ふたつの木の幹が軸線の上方でからみついて成長しており、最後の皇帝溥儀と皇后の婉容が、かつてこの木の前で記念撮影を行った。

연리수(連理樹)【韩文】어화원에는 십여그루의 연리수가 있는데 모두 궁중 원예사가 정성들어 키운것이다. "하늘에서는 비익조가 되기를 원하고, 땅에서는 연리지가 되기를 원하네(在天願作比翼鳥 在地願爲連理枝)"의 뜻을 비유한 것이다. 원림의 중축선에 놓여 있는 연리수 아래서 말대황제 부의와 황후 완용이 사진을 남긴적이 있다.

Lianlishu【德文】Es handelt sich dabei um zwei miteinander verschlungene uralte Zypressen im Palastgarten. Sie symolisieren die Ewiegkeit der Ehe. Der letzte Qing-Kaiser Pu Yi und seine Frau Wan Rong ließen sich vor diesen beiden Bäumen fotografieren.

Les arbres aux branches entrelacées【法文】Dans le Jardin impérial, il y a une dizaine d'arbres poussant de pair aux branches entrelacées, cultivés avec soin par les jardiniers du Palais impérial. Cela veut dire qu'on préfère être des oiseaux volant de pair dans les airs ou des arbres aux branches entrelacées poussant au sol. On voit dans le Jardin impérial deux arbres aux troncs poussant de chaque côté de l'axe central de la Cité interdite et aux branches entrelacées au-dessus de celui-ci.

Кипарис Ляньлишу【俄文】В императорском саду есть более десятки кипарисов Ляньлишу. У него один соединённый ствол и два корня. Это символ вечной любви. Последний цинский император Пу И и его жена Ваньжун фотографировались на фоне этого дерева.

I Lianlishu【意大利文】All'interno del Giardino Imperiale vi sono antichi cipressi che nella parte superiore del tronco incrociati ad anello e hanno le fronde intrecciate insieme. L'ultimo imperatore della dinastia Qing, Puyi e l'imperatrice Wanrong fecero una foto davanti a quello più famoso e tutt'oggi amato dai visitatori, situato lungo l'asse centrale di Pechino.

Ciprés matrimonial【西文】Se halla algunos ciprés matrimonial en el jardín imperial. Todos fueron cultivados cuidadosamente por jardineros de plantas del palacio. Los ciprés matrimonial tienen significado de "Seríamos pájaros ala a ala en el cielo, seríamos ramas gemelas en el mismo árbol en la tierra"(dos versos de un poema de Bai Juyi). Entre ellos, el ciprés matrimonial antiguo, sus ramas están entrelazadas, y el trono se encuentra en el eje central de Beijing. Puyi, el último emperador de China y Wanrong, la emperatriz se retrataron juntos frente a ese árbol especial.

养心门 Yangxin Men (Gate of Mental Cultivation) 養心門 양심문 Das Yaugximen-Tor
La porte de la Nourriture de l'esprit Ворота Янсиньмэнь La Porta del Perfezionamento dello Spirito Puerta de Yangxin

养心殿前玉璧 A jade disk in front of the Hall of Mental Cultivation 養心殿前の玉璧 양심전 앞 옥벽
Ein Mauerwerk mit Zierfiguren vor der Halle zur Bildung der Gefühle Mur d'écran incrusté de jade devant la Salle de la Nourriture de l'esprit Яшма перед павильоном Янсиньдянь Il muro di giada davanti il Palazzo del Perfezionamento dello Spirito Sello real ante el Palacio de Yangxindian

养心殿 Yangxin Dian (Hall of Mental Cultivation)

养心殿为清代皇帝的寝宫，是自清雍正皇帝起，养心殿成为皇帝日常起居和理政的宫殿。殿内正中设皇帝的宝座，宝座上方悬雍正御笔题写的"中正仁和"匾。为了改善采光，养心殿成为紫禁城中第一个装上玻璃的宫殿。养心殿前有养心门，门壁上镶嵌琉璃花装饰，色彩逼真艳丽。门前对称设有路灯和铜狮。

Starting from Emperor Yongzheng, the Qing emperors had made the hall as the place for handling routine state affairs and discussions with officials. In the middle sits a throne, over which hangs a board carrying Yongzheng's calligraphy "Zhong Zheng Ren He", meaning "rightness, benevolence and harmony". In order to improve lighting, the hall was the first to have glass installed; in front of the hall is Yangxin Men (Gate of Mental Cultivation), decorated with vivid and colorful glazed flowers. Streetlights and copper lions are lying in front of the gate.

養心殿【日文】養心殿は清代皇帝の寝所で、雍正帝の時代から、清代の歴代皇帝が日常生活を送り政治をとりおこなう宮殿となった。殿内の真ん中には皇帝の玉座が据えられており、玉座の上方には雍正帝の御筆となる「中正仁和」の扁額が掲げられている。採光をよくするために、養心殿は紫禁城のなかで初めてガラスを採り入れた宮殿となった。養心殿の前には養心門があり、門の壁の上部には模様のはいった瑠璃瓦がはめ込まれていて、色彩がとても美しい。門の前には路灯と銅獅子が対称に置かれている。

양심전【韩文】청나라 황제의 침궁으로 옹정제부터 청나라 역대 황제들이 거주하고 정무를 처리하던 곳이다. 궁전에는 황제의 보좌가 설치되어 있고 보좌 위에는 옹정제가 친필로 쓴 "중정인화(中正仁和)" 편액이 걸려져 있다. 채광을 개선하기 위해 양심전은 자금성에서 처음으로 유리창문을 설치한 궁전이다. 양심전 앞에는 양심문이 있고 문위는 유리꽃으로 장식하였는데 색채가 아주 화려하다. 문 앞에는 가로등과 청동사자이 대칭되게 설치되어 있다.

Yangxindian (Halle zur Bildung der Gefühle)【德文】 Diese Halle liegt vor dem Yangxinmen-Tor westlich des Palastes der Himmlichen Reinheit. Zu Beginn der Qing-Dynastie wohnten die Kaiser im Palast der Himmlichen Reinheit. Aber von 1723 bis 1911 lebten sie in dieser Halle und erledigten Staatsangelegenheiten. Sie ist das einzige Bautwerk des Kaiserpalastes, das mit Glasfenstern ausgestattet ist.

La Salle de la Nourriture de l'esprit【法文】 SSous les Qing, la Salle de la Nourriture de l'esprit (Yangxindian) servait de chambre à coucher à l'empereur. Depuis le règne de l'empereur Yongzheng, l'empereur y menait la vie ordinaire et réglait les affaires d'Etat. Au milieu de la salle principale se trouve un trône au-dessus duquel est accroché une tablette portant l'inscription "Zhongzheng Renhe" calligraphiée par l'empereur Yongzheng, signifiant "justice et bienveillance". Pour améliorer l'éclairage, la Salle de la Nourriture de l'esprit est la première à être équipée de verre dans la Cité interdite. Les murs des deux côtés de l'entrée de cette salle sont incrustés de carreaux vernissés, formant des motifs de couleurs vives. Devant cette porte sont symétriquement disposés des lampadaires et deux lions de bronze.

Павильон Янсиньдянь【俄文】 Начиная с третьего императора Юнчжэна Цинской династии, все императоры жили в этом павильоне и занимались государственными делами. В центре установлен императорский трон, над которым висит доска с надписью собственноручной императора Юнчжэна. Янсиньдянь является первым в Запретном городе павильоном, где установлены стекла. Перед павильоном – ворота Янсиньдянь с глазурными украшениями. Перед воротами симметрично установлены уличные фонаря и бронзовые львы.

La Yangxindian (Sala del Perfezionamento dello Spirito)【意大利文】 La Yangxindian fu la residenza degli imperatori della dinastia Qing. A partire da Yongzheng, gli imperatori dei Qing trattavano qui gli affari di Stato, e la usavano come loro residenza. Sopra il trono, al centro del palazzo è appesa l'iscrizione "zhong zheng ren he" di mano dell'imperatore Yongzheng. In quest'edificio fu utilizzato per la prima volta il vetro alla finestra, per sfruttare la luce e il calore del sole. Sulla porta e sui muri della porta Yangxinmen sono applicate decorazioni di vetri smaltati. Davanti al palazzo, la ricorrente coppia di leoni in bronzo e delle lampade.

Palacio de Yangxin (de Cultivo del Corazón)【西文】 Palacio de Yangxin comenzó a ser el lugar donde dormía el emperador a partir de Yongzheng, el cuarto de los de la dinastía Qing. Se encuentro un trono en el centro de la sala, por encima del trono se cuelga un emblema cuya inscripción dice "rectitud y benevolencia" escrito por el emperador Yongzheng. Para mejorar la iluminación, Este se convirtió en el primer palacio con vidrios dentro de la Ciudad Prohibida. La puerta Yangxin está frente del palacio, se decoró ornamento de flores de esmalte espléndidos y bellos. Los faroles de la calle y leones de cobre estaban distribuidos simétricamente a los dos lados de la puerta.

养心殿后殿 The Back Hall of Yangxin Dian (Hall of Mental Cultivation)

养心殿后殿为皇帝日常居住之所，屋内龙床上方悬"又日新"匾。

The hall was for emperors to live, and inside the hall, a broad reading "You Ri Xin", meaning "Keeping Renewal", hangs over the emperors' bed.

養心殿後殿【日文】 養心殿後殿は皇帝が日常住んでいた場所で、屋内の皇帝のベットのうえには「又日新」という扁額が掛けられている。

양심전 후전【韩文】 양심전 후전은 황제가 거주하던 곳으로 용상(龍床) 위에는 "우일신(又日新)"이라는 편액이 걸려있다.

Die Hinterhalle der Yangxiandian【德文】 Sie diente als Schlafgemach für Kaiser. Oben über dem „Drachenbett" hängt eine horizontale Tafel mit der Inschrift „You Yi Xin" (Neues mit jedem Tag).

La salle postérieure de Yangxindian【法文】 La salle postérieure de la Salle de la Nourriture de l'esprit servait de chambre à coucher à l'empereur. Au-dessus du lit de l'empereur est accrochée une tablette portant l'inscription "You Ri Xin", signifiant "nouveauté au jour le jour".

Задний флигель Янсиньдянь【俄文】 В заднем флигеле Янсиньдянь жил император. Над императорским ложем висит доска с надписью «совершенствование каждым днем».

La Houdian (Sala Posteriore) della Yangxindian【意大利文】 La sala posteriore alla Yangxindian era la residenza dell'imperatore e sopra il letto dell'imperatore è appesa l'iscrizione in caratteri "you ri xin".

Palacio Posterior de Palacio de Yangxin【西文】 El palacio Posterior es el lugar donde dormía el emperador. Se cuelga emblema de "un día nuevo" por encima de la cama.

体顺堂内皇后寝室
Empress bedroom in the Tishun Tang (Hall of Manifest Compliance)
体順堂内の皇后の寝室
체순당 내 황제 침소
Das Schlafgemach für Kaiserin in der Tishun-Halle
Chambre à coucher de l'impératrice dans la salle Tishun
Опочивальня императрицы в зале Тишуньтан
La camera da letto dell'imperatrice all'interno del Palazzo Tishun
Lugar de residencia de la emperatriz de la Salón de Tishun

三希堂 | Sanxi Tang (Room of Three Rarities)

养心殿西暖阁内有乾隆皇帝开辟的"三希堂"，因其内曾收藏晋代书法大家王羲之的《快雪时晴帖》、王献之的《中秋帖》和王珣的《伯远帖》三张书帖而得名。

The room was developed by Emperor Qianlong in the West Chamber of the Hall of Mental Cultivation, where calligraphy works of three famous calligraphers in the Jin Dynasty were cherished, namely, Wang Xizhi's *Kuai Xue Shi Qing Tie (Clear Sky After Pleasant Snow)*, Wang Xianzhi's *Zhongqiu Tie (Mid-Autumn)*, and Wang Xun's *Boyuan Tie (Letter to Boyuan)*.

三希堂【日文】養心殿の西暖閣の内部に乾隆帝が開設した「三希堂」がある。そのなかにかつて東晋代の大書家王羲之の『快雪時晴帖』、王献之の『中秋帖』、王珣の『伯遠帖』の3つの書帖を所蔵していたため、このように名づけられた。

삼희당【韓文】양심전 서난각에는 건륭황제가 설치한 삼희당이 있는데 진(晉)나라 왕희지의 '쾌설시청첩(快雪時晴帖)', 왕헌지(王獻之)의 '중추첩(中秋帖)', 왕순(王珣)의 '백원첩(伯遠帖)" 등 세 가지 보물(三希)'을 수장하였다고 붙인 이름이다.

Sanxitang【德文】 Es handelt sich dabei um eine Kammer im westlichen Flügel der Yangxidian, wo der Qing-Kaiser Qian Long drei Schriftmuster von den bekannten Kalligrafen Wang Xizhi, Wang Xianzhi und Wang Xun aufbewahren ließ.

La Salle des Trois Modèles d'écriture【法文】 Le Pavillon de la Tiédeur de l'Ouest de la Salle de la Nourriture de l'esprit abrite une salle appelée "Sanxitang" ou Salle des Trois Modèles d'écriture, aménagée sur l'ordre de l'empereur Qianlong des Qing. Dans cette salle furent conservés l'estampage de la calligraphie « Sérénité après la neige fine » de Wang Xizhi, celui de la « Mi-automne » de Wang Xianzhi et celui de la calligraphie « Bo Yuan » de Wang Xun, trois beaux modèles d'écriture chinoise, d'où son nom.

Саньситан【俄文】 В западном флигеле Янсиньдянь был создан павильон Саньситан императором Цяньлун. Здесь хранятся три знаменитые в истории Китая каллиграфии.

La Sanxitang (Stanza dei Tre Gioielli)【意大利文】 Nell'area più occidentale del palazzo, l'imperatore Qianlong si fece costruire uno studiolo in cui si conservarono i tre volumi di calligrafia dei calligrafi della dinastia Jin intitolati "Kuai xue shi qin tie" di Wang Xizhi, "Zhong qiu tie" di Wang Xianzhi e "Bo yuan tie" di Wang Xun.

Salón Sanxi(de Tres Cosas de Valores)【西文】 El emperador Qianlong designó el salón en el Pabellón Xinuan(del Calor del Oeste) del Palacio Yangxin. Es conocido porque aquí se conservó tres obras de escritura de tres calígrafos famosos de la dinastía Jin, ellos son "Kuaixueshiqingtie" (Nieve repentina y Buen Tiempo Inmediato), de Wang Xizhi, "Zhongqiutie"(de Medio Otoño), de Wang Xianzhi y "Boyuantie", de Wang Xun. (Tie es el libro que contiene los modelos de escritura o pintura).

太极殿
Taiji Dian (Hall of the Supreme Pole)
太極殿
태극전
Die Taiji-Halle
La Salle Tai Chi (Taijidian)
Павильон Тайцзидянь
Il Palazzo della Suprema Esaltazione
Palacio de Taiji

太极殿内饰有蝙蝠纹样的屏风
A screen with the pattern of bats in the Hall of the Supreme Pole
太極殿内部のこうもりがあしらわれた屏風
태극전 내 박쥐문양의 병풍
Ein Wandschirm mit Fledermaus-Mustern in der Taiji-Halle
Paravents décorés de chauves-souris dans la Salle Tai Chi
Ширма, украшающаяся узорами кожана
Il paravento con i figuri di pipistrello nel Palazzo della Suprema Esaltazione
Bimbo de murciélago en el Palacio de Taijidian

储秀宫 | Chuxiu Gong (Palace of Gathering Excellence)

储秀宫为西六宫之一，清咸丰二年（1852年）慈禧刚进宫被封为兰贵人时，曾在这里居住，之后在这里生下同治皇帝。光绪十年（1884年）慈禧太后为庆祝50岁生日，重修储秀宫的宫室，花费白银63万两，并从长春宫移居于此。现在的储秀宫内为慈禧太后50岁寿辰时的原貌。

The Palace of Gathering Excellence is one of the Six Western Palaces. In the second year of Emperor Xianfeng's reign (1852), Cixi, after being granted the title of Concubine Lan, lived in the palace and gave birth to Emperor Tongzhi. In 10th year of Emperor Guangxu's reign (1884), to celebrate her 50th birthday, Cixi spent 630,000 *liang* of silver heavily renovating the palace before moving here from Palace of Lasting Spring. The palace we see now is the original scene of Cixi's 50th birthday.

储秀宫【日文】储秀宫は西六宫のうちのひとつで、清の咸豊2年(1852年)、西太后が宫中に入り蘭貴人に封じられたときここに居住し、のちに同治帝を生んだ。光緒10年(1884年)、西太后が50歳の誕生日をむかえたときに、储秀宫の修築に白銀63万両を費やし、長春宮からここに移り住んだ。現在の储秀宫は、西太后が50歳の誕生日をむかえたころの原貌が保たれている。

저수궁【韩文】자금성 동,서6궁은 후삼궁의 양쪽에 대칭되게 분포되어 있는데 명,청나라 시기 후궁들이 거주하고 생활하던 곳이다. 저수궁은 서6궁의 하나로 청나라 함풍2년(1852년) 자희태후는 여기서 난귀인(蘭貴人)으로 책봉되었으며 여기서 동치제를 출산하였다. 광서10년(1884년) 자희태후는 50세 생일을 경축하여 백은 63만량으로 저수궁을 수건하고 장춘궁에서 저수궁으로 이사하였다. 현재의 저수궁은 자희태후 50세 생일 경축시의 모습을 복원한 것이다.

Der Chuxiu-Palast 【德文】 Der Chuxiu-Palast ist einer der sechs westlichen Paläste. Von 1852 an lebte die Kaiserinwitwe Ci Xi hier mehrere Jahre. Ci Xi (1835—1908) war die Hauptfrau des Qing-Kaisers Xian Feng. Nach dem Tod ihres Ehemanns bestieg ihr sechsjähriger Sohn Zai Chun als Kaiser Tong Zhi den Thron. Im Jahre 1884 wurde dieser Palast zur Feier des 50. Geburtstages der Kaiserinwitwe Ci Xi mit 630 000 Taels Silber renoviert. Heute ist dieser Palast noch unverändert und in gutem Zustand.

Le Palais de l'Elégance suprême 【法文】 Situés symétriquement des deux côtés des Trois Palais de derrière, les Six Palais de l'Est et les Six Palais de l'Ouest de la Cité interdite étaient les demeures des impératrices et des concubines sous les Ming et les Qing. Le Palais de l'Elégance suprême (Chuxiugong) est un des Six Palais de l'Ouest. L'impératrice douairière Ci Xi y logeait lorsqu'elle a reçu en l'An 2 (1852) du règne de l'empereur Xianfeng le titre de "favorite (Guiren)" peu après son entrée dans la cour. Plus tard, elle y donna le jour au futur empereur Tongzhi. Pour célébrer son 50e anniversaire, l'impératrice douairière Ci Xi fit reconstruire en l'An 10 (1884) du règne de l'empereur Guangxu le Palais de l'Elégance suprême en dépensant 630 000 taels d'argent. Après son achèvement, elle y déménagea du Palais du Printemps éternel (Changchungong). Le Palais de l'Elégance suprême garde aujourd'hui encore son aspect originel lors du 50e anniversaire de l'impératrice douairière Ci Xi.

Чусюгун 【俄文】 Сзади павильона Янсиньдянь находится комплекс шести западных павильонов. В одном из этих павильонов, Чусюгун, жила одно время императрица Цы Си, когда она была ещё наложницей. Дальше она здесь родила императора Тунчжи. В 1884 г. императрица Цы Си потратила 630 тыс. лян серебра на реконструкцию Чусюгуна, чтобы отметить свой 50-й день рождения. Нынешний Чусюгун обставлен так, как отмечали 50-й день рождения императрицы Цы Си.

Il Chuxiugong (Palazzo dell'eleganza Accumulata) 【意大利文】 I Sei Palazzi d'Est e i Sei Palazzi d'Ovest si trovano disposti simmetricamente ai due lati dei tre palazzi posteriori, residenze delle imperatrici e delle concubine delle dinastie Ming e Qing. Il Chuxiugong è uno dei Sei Palazzi d'Ovest che divenne la residenza dell'imperatrice Cixi nel 1852 ed è l'edificio in cui nacque l'imperatore Tongzhi. Nel 1884, X anno del regno dell'imperatore Guangxu, per celebrare il 50° compleanno dell'imperatrice, il Chuxiugong fu fatto ricostruito con un somma di 630.000 liang (1 liang=50 grammi) d'argento. Il suo interno, così come si presenta oggi, ha conservato l'aspetto originale dell'epoca in cui Cixi compì cinquant'anni.

Palacio Chuxiu(de las Elegancias Acumuladas) 【西文】 Los seis palacios de Este y Oeste están distribuidos simétricamente a los dos lados de los tres palacios posteriores, es un área donde vivían y moraban las concubinas de las dinastía Ming y Qing. El palacio Chuxiu pertenece a los seis palacios de Oeste. El segundo año del Xianfeng de la dinastía Qing (1852), Cixi fue seleccionada al palacio y el emperador la concidió la dama Lan, luego ella se trasladó al Palacio Chuxiu y dió la luz al emperador Tongzhi. Se restauró este palacio el décimo año de Guangxu(1884) para celebrar el cumpleaños de 50 años de edad de la emperatriz madre Cixi. Se gastó 630 mil de Liang de platas. Ella se mudó aquí del Palacio Changchun(de Primavera Para Siempre). Hoy día, el Palacio Chuxiu sigue amueblado tal como estaba cuando pasaba su cumpleaños la emperatriz Cixi.

铜龙、铜鹿 | Copper Dragons and Copper Deer

储秀宫殿外庭院里陈设着一对铜龙和一对铜鹿，均为慈禧50岁大寿时所铸。

A pair of copper dragons and a pair of copper deer stand on east and west sides in the yard of the Palace of Gathering Excellence, all cast for Cixi's 50th birthday.

銅竜・銅鹿【日文】 储秀宫の外庭に一对の铜の竜と鹿がある。どちらも西太后50歳の誕生日を祝うために特別に鋳られたものである。

청동 용, 청동 사슴【韓文】 저수궁 정원에는 한쌍의 청동 용과 청동 사슴을 진열해 놓았는데 모두 자희태후의 50세 생일을 위해 주조한 것이다.

Zwei Drachen- und zwei Hirschfirguren aus Bronze【德文】 All diese Tierfiguren befinden sich vor dem Chuxiu-Palast. Sie wurden zur Feier des 50. Geburtstages der Kaiserinwitwe Ci Xi gegossen.

Les dragons et les cerfs en bronze【法文】 Dans la cour en dehors du Palais de l'Elégance suprême sont disposés une paire de dragons et une paire de cerfs, coulés tous en bronze lors du 50e anniversaire de l'impératrice douairière Ci Xi.

Медные драконы и оленя【俄文】 Во дворе павильона Чусюгун установлены пара медных драконов и оленей, которые были вылиты в 50-й день рождения императрицы Цы Си.

Drago e cervo in bronzo【意大利文】 All'esterno del Chuxiugong sono presenti un drago in bronzo e um cervo in bronzo, fusi nel 1884 per celebrare in occasione del 50esimo compleanno di Cixi.

Dragón de cobre, ciervo de cobre【西文】 Un par de dragón de cobre y un par de ciervo de cobre están expuestos en el patio que está situado fuera del Palacio Chuxiu. Todos fueron vaciados para felicitar el cumpleaños de la emperatriz Cixi.

丽景轩溥仪起居处 | Lijing Xuan (Hall of Beautiful View)

丽景轩原为储秀宫后殿，后改名丽景轩。晚清时期溥仪曾居于此，并曾在此举办西餐宴会，现其内为溥仪居住时的原状。

The back hall of the Palace of Gathering Excellence, it was used as the living room for the last Qing emperor Puyi, who once held the western-style food banquet here. Now the hall keeps the original state when Puyi lived.

溥儀が住んでいた麗景軒【日文】 麗景軒は儲秀宮の後殿で、のちに麗景軒と改名された。清代末期、溥儀がここに住み、洋式の宴会を行ったりした。現在の姿は、溥儀が住んでいた頃のものである。

여경헌, 부의의 침소【韩文】 저수궁(儲秀宮) 후전을 개명하여 여경헌(麗景軒)으로 되었다. 청나라 말기, 부의(溥儀)는 여경헌에서 생활하였고 또한 서방식 연회를 베풀기도 하였으며, 현재 내부는 부의가 생활던 모습 그대로 보존되어 있다.

Lijingxuan【德文】 Es handelt sich dabei um eine Halle hinter dem Chuxiu-Palastes, die als Lebensraum für Pu Yi, den letzten Qing-Kaiser, diente. Heute ist diese Halle originalgetreu erhalten.

Le Pavillon de la Belle Vue【法文】 Le Pavillon de la Belle Vue (Lijingxuan) était à l'origine la salle postérieure du Palais de l'Elégance suprême (Chuxiugong) et plus tard, il prit son nom actuel. A la fin des Qing, Pu Yi, dernier empereur de cette dynastie, y logea et donna des banquets à l'Occidentale. A l'intérieur de ce pavillon est gardé son état originel lors que Pu Yi y demeurait.

Павильон Лицзинсюань【俄文】 Был задней частью павильона Чусюгуна. Последний цинский император Пу И жил здесь и устраивал банкет западной кухни. Теперь еще можно видеть, как вещи расставлены при проживании Пу И.

Lijingxuan – residenza di Pu Yi【意大利文】 Il Padiglione posteriore del Palazzo delle Eleganze Accumulate in origine era il Lijingxuan, vi l'ultimo imperatore Pu Yi dell'ultimo periodo della dinastia Qing abitava e organizzò un banchetto della cucina occidentale.

La residencia del emperador Puyi del Palacio de Lijingxuan【西文】 Era un palacio posterior del palacio de Chuxiu, y después se bautizó el Palacio de Lijingxuan. El emperador Puyi residía en este lugar durante los últimos años de la dinastía Qing, tambien se realizó banquete allí. Ahora se manifiesta un estado original como vivía el emperador Puyi.

71

长春宫 | Changchun Gong (Palace of Eternal Spring)

　　长春宫，内廷西六宫之一，清咸丰年间改建后形成现今形制。院内回廊的墙壁上绘有18幅以《红楼梦》为题材的大幅壁画。

　　One palace among the Six Western Palaces, the Palace of Eternal Spring forms present view after rebuilt during Emperor Xianfeng's reign of Qing. On the wall of the corridor in the yard there are 18 large-scale frescos about *A Dream of Red Mansion*.

長春宮【日文】内朝の西六宮のひとつである長春宮は、清の咸豊年間に現在の姿に改築された。中庭の回廊の壁には、『紅楼夢』をモチーフにした絵が18枚ある。

장춘궁【韩文】장춘궁(長春宮)은 자금성 내정의 사육궁의 하나로 청나라 함풍제 시기 수건을 거쳐 현재의 모습을 갖추게 되었다. 원 내 회랑 벽에는《홍루몽》을 소재로 한 대형 벽화 18폭이 그려져 있다.

Changchungong (Palast des Ewigen Frühlings) 【德文】 Er gehört zu den 6 westlichen Palästen im Innenhof des Kaiserpalastes. Er wurde in der Xianfeng-Regierungsperiode der Qing-Dynastie umgebaut und ist heute originalgegtreu erhalten. Im Wandelgang vor diesem Palast sieht man heute noch 18 Waldgemälde zum Thema „Der Traum der Roten Kammer".

Le Palais du Printemps éternel 【法文】 Le Palais du Printemps éternel (Changchungong) est l'un des Six Palais de l'Ouest de la cour intérieure. Il fut reconstruit sous le règne de l'empereur Xianfeng. Les parois de la galerie de ce palais sont décorées de 18 fresques de grand format ayant pour thème des histoires décrites dans le roman classique *le Rêve dans le Pavillon rouge*.

Павильон Чанчуньгун 【俄文】 Является одним из 6 западных павильонов внутренних резиденций. В годы правления цинского императора Сяньфэн он был перестроен в нынешнюю форму и структуру. На стене коридора во дворе были написаны 18 фресок, сюжеты которых происходят из романа «Сон в красном тереме».

Il Palazzo della Primavera Eterna 【意大利文】 Il Palazzo della Primavere Eterna, uno dei Sei Palazzi dell'Ovest nella Corte Interna fu ricostruito durante il periodo dell'imperatore Xianfeng della dinastia Qing. Sui muri del corridoio serpeggiante sono dipinti 18 disegni con il tema del classico romanzo "Il sogno della Camera rossa".

El Palacio de Changchun 【西文】 Este palacio es uno de los seis palacios del Corte Interior. Se reformó durante el reinado del emperado Xianfeng de la dinastía Qing. Se pintaron 18 pinturas con tema de la novela Un Sueño en la Mansión Rojo en las paredes del pasillo.

長春宮内景
An inner view of Changchun Gong (Palace of Eternal Spring)
長春宮の内部
장춘궁 내부
Innenansicht des Palastes des Ewigen Frühlings
Une vue intérieure du Palais du Printemps éternel
Интерьер павильона Чанчунгун
L'interno del Palazzo della Primavera Eterna
Escene Interior del Palacio de Changchungong

咸福宫内景　An inner view of Xianfu Gong (Palace of Complete Happiness)
咸福宫の内部　함복궁 내부　Innenansicht des Xianfu-Palastes
Une vue intérieure du Palais du Bonheur complet　Интерьер павильона Сяньфугун
L'interno del Palazzo Xianfu　Escena Interior del Palacio de Xianfugong

咸福宫 Xianfu Gong (Palace of Complete Happiness)

咸福宫位于储秀宫之西、长春宫之北，是西六宫中最西北侧的一座宫院。清嘉庆、道光、咸丰三位皇帝都曾在此为父守丧。

The Palace of Complete Happiness, located west to Palace of Gathering Excellence and north to Palace of Eternal Spring, is lying to the northwest point of the Six Western Palaces. In the Qing Dynasty, Emperor Jiaqing, Daoguang and Xianfeng once kept vigil beside their fathers' coffins here.

咸福宫【日文】儲秀宮の西で長春宮の北にある咸福宮は、西六宮の北端にある建物である。清の嘉慶帝、道光帝、咸豊帝がかつてここで父皇帝の通夜を行った。

함복궁【韩文】함복궁(咸福宮)은 추수궁의 서쪽, 장춘궁의 북쪽에 있고 사육궁에서 가장 서북쪽에 있는 궁이다. 청나라 가경, 도광, 함풍 세 명의 황제는 모두 이 곳에서 아버지를 위해 경야하였다.

Der Xianfu-Palast【德文】 Der Xianfu-Palast ist auch einer der 6 westlichen Paläste im Innenhof des Kaiserpalaste. Er grenzt im Osten an den Chuxiu- und im Süden an den Chuangchun-Palast. Nachdem die Väter der Qing-Kaiser Jia Qing, Dao Guang und Xian Feng gestorben waren, wurden ihre Leichen hier aufbebahrt.

Le Palais du Bonheur complet【法文】 Situé à l'ouest du Palais de l'Elégance suprême (Chuxiugong) et au nord du Palais du Printemps éternel (Changchungong), le Palais du Bonheur complet (Xianfugong) est un édifice à l'extrême nord-ouest des Six Palais de l'Ouest. Les empereurs Jiaqing, Daoguang et Xianfeng des Qing y gardèrent le deuil de leur père.

Павильон Сяньфугун【俄文】 Находится на западе к павильону Чусюгун, к северу от павильона Чанчуньгун. Среди 6 западных павильонов он находится на самом северо-западе. Цинские императоры Цзяцин, Даогуан, Сяньфэн здесь пребывали в трауре по своему отцу.

Il palazzo Xianfu【意大利文】 Situato a ovest del Palazzo delle Eleganze Accumulate e a nord del Palazzo della Primavera Eterna, il Palazzo Xianfu è un palazzo a ovest-nord dei Sei Palazzi dell'Ovest, dove gli imperatori Jiaqing, Daoguang e Xianfeng stattero a veglia durante i funerali dei loro padri.

Palacio de Xianfu【西文】 Está ubicado al oeste del Palacio de Chuxiu y al norte del Palacio de Changchun. Es el palacio del extremo oeste de los seis palacios de oeste. El emperador Jiaqing, Daoguang y Xianfeng celebraron funerales para sus padres allí.

雨花阁 Yuhua Ge (Pavilion of Rain and Flower)

　　雨花阁是宫内的一座藏传佛教的佛堂。清代满清统治者对藏传佛教非常支持，并将其作为维护政权统治的组成部分。

　　The Pavilion of Rain and Flower is a Tibetan Buddhism worship hall. Showing great support, Qing rulers made Tibetan Buddhism an important tool in maintaining the reign.

雨花閣【日文】雨花閣は紫禁城北西部にあり、内部に西天梵像が奉納されているチベット仏教の仏堂である。清朝の時代、毎年宮中では定期的にチベット仏教の僧を雨花閣に招き、各種の大型仏事を行っていた。

우화각【韓文】우화각은 궁전의 티벳식 불당이다. 청나라 시기 통치자는 티벳 불교에 대해 아주 지지하였으며 그것을 정권통치를 수호하는 구성부분으로 하였다.

Yuhuage【德文】Es handelt sich dabei um einen wichtigen lamaistischen Sakralbau im Kaiserpalast. Er liegt im Nordwesten des Kaiserpalastes und weist einen chinesischen und tibetischen Baustil auf.

Le Pavillon de la Pluie et des Fleurs【法文】Situé dans la partie nord-ouest de la Cité interdite, le Pavillon de la Pluie et des Fleurs (Yuhuage) abrite une salle du bouddhisme tibétain, où est installée une statue du Bouddha. Chaque année sous les Qing, la cour ordonnait à des lamas d'organiser périodiquement de grandes activités bouddhiques dans cette salle.

Терем Юйхуагэ【俄文】Терем Юйхуагэ находится на северо-западе Запретного города. является молельней тибетского буддизма. При династии Цин лама периодично устраивали масштабные буддийские мероприятия в Юйхуагэ.

Lo Yuhuage (Padiglione della Pioggia e dei Fiori)【意大利文】Situato nella parte nord-ovest del complesso, il Yuhuage è un'imponente sala del buddismo tibetano del Palazzo Imperiale. Fu qui che durante la dinastia Qing, ogni anno, i lamaisti inviati a Palazzo effettuavano periodicamente diverse cerimonie buddiste di grande portata.

Pabellón Yuhua(Flores de Lluvia)【西文】Ese pabellón está al noroeste de la Ciudad Prohibida en donde veneran dibujos de buda del paraíso del oeste, fue una sala de budismo tibetano. Se mandó a lamas desde el Palacio Imperial celebrar ceremonias religiosas budistas regulares aquí anualmente.

斋宫 Palace of Abstinence

斋宫是清代皇帝行祭天祀地典礼前的斋戒之所。按照典制规定，皇帝在祭天典礼前都必须先到斋宫内斋戒3天。

The Palace of Abstinence was where the emperor stayed and fast before the sacrificial ceremony to the heaven and earth. In line with the code, the emperor must stay and fast here for three days before the day when the sacrificial ceremony to the heaven was held.

斋宫【日文】清代の皇帝が天地を祀る式典を行う前に、斋戒したところである。典礼規定によれば、皇帝は天を祀る前、斋宫で3日間斎戒しなければならなかったという。

재궁【韩文】재궁(齋宮)은 청나라 황제가 천신과 지신에 제사를 지내기 전에 재계를 하는 장소이다. 의식 절차에 따라 제사 전 황제는 반드시 재궁에서 3일동안 재계를 하였다.

Zhaigong (Fasten-Palast)【德文】 Zhaigong war ein Ort, an dem der Kaiser drei Tage lang fastete, bevor er den Himmeltempel oder den Erdetempel zum Gebet aufsuchte.

Le Palais de l'Abstinence【法文】 Le Palais de l'Abstinence (Zhaigong) fut le lieu de pratique du jeûne des empereurs des Qing avant les grandes cérémonies du sacrifice au Ciel et à la Terre. D'après les règles, l'empereur devait obligatoirement jeûner pendant trois jours dans le Palais de l'Abstinence avant d'aller présider la grande cérémonie.

Дворец Чжайгун【俄文】 Является местом, где цинский император соблюдал пост перед принесением жертв Небу и Земле. По ритуалу император должен соблюдать пост три дня в Чжайгуне перед принесением жертв Небу.

Il Palazzo dell'Astinenza【意大利文】 Il Palazzo dell'Astinenza era il luogo in cui l'imperatore digiunava e riposava. Tre giorni prima di cerimonia di sacrificio, l'imperatore arrivava qui praticare il digiuno.

Palacio de Zhaigong【西文】 Era un lugar en el que el emperador realizó abstención de carne antes de se ofrecería sacrificios a dioses de cielo y tierra. Según el régimen, el emperador tuvo que abstenerse de carne por tres días allí antes de realizar la ceremonia.

奉先殿 Fengxian Dian (Hall for Worshipping Ancestors)

　　奉先殿位于内廷东侧，是明清两代皇室祭祀祖先的家庙。每到如元旦、冬至、万寿等重大节日及庆典，都要在这里举行重大的祭祀活动。

　　The Hall for Worshipping Ancestors, lying in the east of the Inner Court, was the place to worship the spirit-tablets of the imperial ancestors in the Ming and Qing dynasties. On important festivals and grand ceremonies like the Spring Festival, the Winter Solstice and the emperor's birthday, the regular memorial rites would be held here.

奉先殿【日文】内廷の東側にあり、明・清代の皇室が先祖を祭った廟である。元旦、冬至、皇帝の誕生日などの重要な祭日には、ここで盛大な祭祀活動が行われた。。

봉선전【韩文】내정의 동쪽에 위치해 있으며 명, 청나라 황제가 조상에게 제사를 치르던 곳이다. 매년 설, 동지, 만수절 등 중요한 명절이나 경축일에는 여기서 중대한 제사 활동을 진행하였다.

Die Fengxian-Halle【德文】 Die Fengxian-Halle liegt an der östlichen Seite des Binnenhofes. Sie diente während der Ming- und Qing-Dynastie als ein kaiserlicher Ahnentempel. Zu jener Zeit fanden hier an wichtigen　Festen wie am Neujahr und am Wintersonenwende-Tag verschiedene Opferzeremonien statt.

Fengxian-Halle【法文】 Située dans l'est de la cour intérieure, la Salle de culte des ancêtres (Fengxiandian), fut un temple où les membres de la famille impériale offraient des sacrifices à leurs ancêtres sous les dynasties des Ming et des Qing. Lors des importants jours fériés et de célébrations comme le Nouvel An chinois, le solstice d'hiver et l'anniversaire de l'empereur, de grands rites sacrificiels y eurent lieu.

Павильон Фэнсяньдянь 【俄文】 Находится на востоке внутренних резиденций. Это храм, где императоры цинской и минской династий поминали предков. По празднику Весны, зимнему солнцестоянию и другим праздникам здесь устраивались торжественные мероприятия.

Fengxiandian (Sala per l'adorazione degli antenati)【意大利文】 Situata nella parte orientale della Corte interna la Sala per l'adorazione degli antenati era la località dove si conservano le tavolete dei rituali degli antenati imperiali durante le dinastie Ming e Qing. Durante l'importante festival e grande cerimonie come la Festa della Primavera, il solstizio invernale e il compleanno dell'imperatore vi si svolgeva il rito commemorativo.

Palacio de Fengxian【西文】 Este palacio está ubicado el este del Corte Interior, fue el lugar para rentir a los antepasados imperiales en la dinastía Ming y Qing. En las fiestas y ceremonias importantes como la Fiesta de Primavera, Solsticio de Invierno y cumpleaños del emperador, se celebraban ritos conmemorativo aquí.

景阳宫 Jingyang Gong (Palace of Sunlight)

东六宫即景仁宫、承乾宫、钟粹宫、景阳宫、永和宫、延禧宫，其中景阳宫位于东六宫的最东北侧。清代改建后为收贮图书之所。

The palace lies in the northeast point of the Six Eastern Palaces (including Jingren Palace, Chengqian Palace, Palace of Gathering Essence, Palace of Sunlight, Palace of Eternal Harmony and Palace of Prolonged Happiness). In the Qing Dynasty it was rebuilt for storing books.

景陽宮【日文】東六宮は、景仁宮、承乾宮、鐘粹宮、景陽宮、永和宮、延禧宮からなる。うち景陽宮は、東六宮の北東端にある。清代に書庫に建て替えられた。

경양궁 【韓文】경인궁, 승건궁, 중취궁, 경양궁, 영화궁, 정희궁 등 동 6궁 가운데서 경양궁(景陽宮)은 제일 동북 쪽에 있다. 청나라시기 수건 후 도서를 수장하는 곳으로 되었다.

Der Jingyang-Palast 【德文】 Er gehört mit dem Jingren-, Chengqian-, Zhongcui-, Yonghe- und Yanxi-Palast zu den 6 östlichen Palästen im Innenhof des Kaiserpalastes und diente in der Qing-Zeit als eine Bibliothek.

Le palais Jingyang 【法文】 Dans les Six Palais de l'Est, on trouve le Palais de la Prospérité (Jingrengong), le Palais des Faveurs célestes (Chengqiangong), le palais Zhongcui, le palais Jingyang, le Palais de l'Harmonie éternelle (Yonghegong) et le palais Yanxi. Situé le plus au nord-est dans les Six Palais de l'Est, le palais Jingyang fut affecté à conserver des livres après sa reconstruction sous les Qing.

Павильон Цзинъянгун 【俄文】 6 восточных павильонов: Цзинжэньгун, Чэнцяньгун, Чжунцуйгун, Цзинъянгун, Юнхэгун и Яньсигун. Из них Цзинъянгун находится на самом северо-востоке. При династии Цин он был перестроен в книгохранилище.

Il Jingyanggong 【意大利文】 A nord dei Sei Palazzi dell'Est (il Jingrengong, il Chengqiangong, il Zhongcuigong, il Jingyanggong, il Yonghegong e Yanxigong) vi è il Jingyanggong era il luogo di biblioteca dopo il trasformato durante la dinastia Qing.

Palacio de Jingyanggong 【西文】 Los Sei Palacios de Este son Palacio de Jingrengong, Palacio de Chengrengong, Palacio de Chongcuigong, Palacio de Jingyanggong, Palacio de Yonghegong, Palacio de Yanxigong. Entre ellos, el Palacio de Jingyanggong ocupa en extremo noreste, se reformó este lugar para guardar libros en la dinastía Qing.

钟粹宫内皇帝办公桌
An imperial table in Zhongcui Gong (Palace of Gathering Essence)
鐘粹宮内の皇帝の執務机
종수궁에 있는 황제의 사무용 책상
Dieser Schreibtisch im Zhongcui-Palast war für Kaiser bestimmt
Le bureau de l'empereur dans le palais Zhongcui
Письменный стол императора в павильоне Чжунцуйгун
Il tavolo d'ufficio dell'imperatore nel Palazzo Zhongcuigong
Escritorio real en el Palacio de Zhongcui

皇极殿 | Huangji Dian (Hall of Imperial Supremacy)

皇极殿为宁寿宫区的主体建筑，乾隆年间仿照乾清宫形制改建而成，并将其作为乾隆皇帝退位后养老居住的宫殿。殿中有四根贴金蟠龙柱，顶置八角浑金蟠龙藻井，藻井下设宝座，品级仅次于太和殿。慈禧60和70大寿时分别在此庆祝，并接见外国使臣。

As the main structure in the Palace of Tranquility and Longevity Complex, it was rebuilt for Emperor Qianlong to live in his post-abdication time. Inside the hall stand four gilded columns with dragons winding around, supporting the octagon caisson in the ceiling. Under the caisson sits a throne. The hall ranks second only to the Hall of Supreme Harmony. Cixi once interviewed foreign diplomatic envoys here on her 60th and 70th birthday.

皇極殿【日文】皇極殿は寧寿宮区の主な建築物で、乾隆年間に乾清宮の形をまねて改築されたもので、乾隆帝が退位後に隠居した宮殿である。殿中には4本の金の竜が這いのぼる柱と、八角形の金の竜が施された天井があり、天井の下に玉座があり、それは太和殿のものにつぐ高い格式のものである。西太后の60歳と70歳の誕生日がここで祝われ、外国の使節に接見した。

황극전【韓文】 넝수궁 구역의 주요 건축물로 건륭연간에 건청궁을 모방하여 지은 것이며 건륭제가 퇴위한 다음 생활하던 궁전이다. 궁전에는 4개의 반룡기둥이 있고 가운데는 보좌가 설치되어 있다. 황극전은 태화전 다음으고 가는 궁전으로 자희태후는 60세와 70세 생일은 여기서 치르고 여러 나라 대신들을 접견하였다.

Die Huangji-Halle【德文】 Diese Halle ist das Hauptgebäude des Ningshou-Palastes. Hier lebte der Kaiser Qian Long, nachdem er dem Thron entsagt hatte. Sie ist so prächtig wie die Halle der Höchsten Harmonie. In der Mitte der Halle sieht man vier Stützsäulen mit Drachenmustern. Über dem Thron befindet sich ebenfalls eine Deckedekoration mit gewundennen Drachen. Die Kaiserinwitwe Ci Xi feierte hier ihren 60. und 70. Geburtstag und empfing ausländische Gesandte.

La Salle de la Suprématie impériale【法文】 La Salle de la Suprématie impériale (Huangjidian), édifice principal du Palais de la Tranquillité et de la Longévité, fut construit

宁寿门前铜狮　　A gilt bronze lion guarding the Gate of Tranquility and Longevity
寧寿門前の銅獅子　　녕수문 앞 동사자　　Bronzelöwe vor dem Ningshoumen-Tor
Un des lions de bronze gardant la porte de la Tranquillité et de la Longévité
Медные львы перед воротами Ниншоугун
Leoni di bronzo davanti la Porta della Quieta e della Longevità
León de cobre ante la Puerta de Ningshou

sous le règne de l'empereur Qianlong à l'imitation du Palais de la Pureté céleste (Qianqinggong) et servait de demeure à Qianlong après son abdication. Avec quatre colonnes aux dragons plaqués d'or, un caisson octogonal décoré d'un dragon lové doré au plafond et un trône au-dessous de ce caisson, cette salle était classée immédiatement après le Palais de l'Harmonie suprême. Les 60ᵉ et 70ᵉ anniversaires de l'impératrice douairière Ci Xi furent célébrés dans cette salle. Elle y reçut également des agents diplomatiques étrangers.

Хуандидянь【俄文】 Хуандидянь является главным сооружением в районе Ниншоугун. При управлении императором Цяньлун он был построен по образцу Цяньцингун. Здесь жил император Цяньлун после отречения от престола. В павильоне есть 4 колонны с изображением дракона, покрытые золотом. Здесь еще стоит императорский трон, над которым кессон с изображением дракона. Императрица Цы Си здесь отмечала 60-й и 70-й день рождения и дала аудиенции иностранным чиновникам.

La Huangjidian (Sala della Supremazia Imperiale)【意大利文】 La Huangjidian è l'edificio principale dell'area del Ningshougong, costruito durante il regno dell'imperatore Qianlong: identico al Qianqinggong, fungeva da residenza dell'imperatore dopo che lasciava il trono. All'interno della sala quattro colonne decorate in lacca da motivi floreali dorati e figure di draghi sostengono il soffitto riccamente decorato. Al suo interno è presente un trono. Qui si celebrarono i festeggiamenti del 60° e del 70° compleanno dell'imperatrice e venivano ricevuti i messaggeri stranieri.

Palacio Huangji(de Perfección Imperial)【西文】 Este edificio es el principal del área del Palacio Ningshou. Fue reconstruido imitando la distribución del Palacio Qianqing durante los años de Qianlong. Lo designaron un lugar para vivir después de que el emperador Qianlong se retiró del trono. Se hallan cuatro columnas con dragones esculpidos decorativos dorados y un techo artesonado de ocho ángulos con dragones enroscados dorados. Abajo del techo se encuentra un trono cuya jerarquía está inferior al del Palacio Taihe. La emperatriz Cixi celebró su cumpleanos de 60 y 70 años de edad y recibió a los enviados diplomáticos y cortesanos extranjeros aquí.

83

宁寿宫 Ningshou Gong (Palace of Tranquility and Longevity)

宁寿宫位于皇极殿之后，清乾隆皇帝曾对宁寿宫区进行改建，为其退位后养老居住。其外檐围廊上饰有龙灯和玺彩画，室内仿照坤宁宫陈设，为宫内另一处萨满教祭祀之所。

The Palace of Tranquility and Longevity lies behind the Hall of Imperial Supremacy. Emperor Qianlong once rebuilt it for his living room after his abdication. Dragon lanterns and colorful paintings are decorated along the eaves. The inner view of the palace, modeled on furnishings of the Palace of Earthly Tranquility, is the other worshipping place for Shamanism.

寧寿宮【日文】 寧寿宮は皇極殿の後ろにある。清の乾隆帝は寧寿宮を改築し、退位後の隠居場所とした。建物の外側回廊部分は和璽彩画で飾られている。室内調度品は坤寧宮を模倣しており、宮内にあるもう一カ所のシャーマニズムの祭祀場である。

녕수궁【韩文】 청나라 건륭 제가 황극전의 뒤 쪽에 있는 녕수궁(寧壽宮)을 수건하였는바 이곳은 그가 정치에서 물러난 후 휴양하던 곳이였다.

Der Ningshou-Palast【德文】 Der Ningshou-Palast liegt hinter der Huangji-Halle. Er ist so prächtig wie der Kunninggong eingerichet. Hier lebte der Qing-Kaiser Qian Long, nachdem er dem Thron entsagt hatte. Darüber hinaus fanden hier auch Zeremonien des Schamanismus statt.

Le Palais de la Tranquillité et de la Longévité【法文】 Le Palais de la Tranquillité et de la Longévité (Ningshougong) est situé derrière la Salle de la Suprématie impériale (Huangjidian). L'empereur Qianlong des Qing fit reconstruire ce palais pour qu'il lui serve de demeure après son abdication. Les galeries de ce palais étaient ornées de lanternes et de peintures murales. Ayant l'ameublement similaire à celui du Palais de la Tranquillité terrestre, ce fut un autre lieu de rite du chamanisme dans le Palais impérial.

Павильон Ниншоугун【俄文】 Находится за павильоном Хуандидянь. Цинский император Цяньлун переконструировал район Ниншоугун, чтобы он мог жить здесь после отречения от престола. Коридор украшается фонарями в виде дракона и цветными картинами. Интерьер его похож на тот в павильоне Куньнингун. Это другое место для жертвоприношения шаманизма в Запретном городе.

Il Palazzo della Quiete e della Longevità【意大利文】 Situato a dietro del Palazzo della Supremazia Imperiale, il Palazzo della Quiete e della Longevità fu ricostruito dall'imperatore Qianlong della dinastia Qing per diventare la sua residenza dopo abdicare il trono. All'esterna grodaia del corridoio sono ordinate lanterne e disegni colorati. Gli arredamenti e ornamenti all'interno del palazzo sono uguali a quelli del Palazzo della Tranquilità Terrena, era un'altro luogo dedicato ai riti shamannisti nel Palazzo Imperiale.

Palacio de Ningshougong【西文】 Está ubicado detrás del Palacio de Huangjidian(de Perfección Imperial) El emperador Qianlong se reformó este palacio en la dinastía Qing como un lugar de residencia después de retirar del trono. Se decora con lateral de dragón y pinturas coloradas, está amueblada imitando el Palacio de Kunninggong, que fue otro lugar para ofrecer ritos religioso de Man.

养性殿内编钟
The bell set in Yangxing Dian
(Hall of Temper Cultivation)
養性殿内の編鐘
양성전 내 편종
Bronzeglockenspiel in der Yangxing Halle
Carillon dans le Palais de la
Formation du caractère
Колокола в павильоне Янсиндянь
Una serie di campana nel Palazzo del
Perfezionamento Morale
Carillón en el Palacio de Yangxing

乐寿堂 Leshou Tang (Hall of Pleasure and Longevity)

乐寿堂位于宁寿宫区中路，建于1772年，乾隆皇帝和慈禧太后曾先后在此居住。

Built in 1772, the Hall of Pleasure and Longevity lies in the middle of the area centered on the Palace of Tranquility and Longevity Complex and Emperor Qianlong and Cixi had lived here.

楽寿堂【日文】寧寿宮区の中部にあり、1772年に建てられ、乾隆帝と西太后がここに住んだ。

낙수당【韩文】1772년에 건축된 낙수당(樂壽堂)은 녕수궁 구의 중로에 있고 건륭 제와 서태 후가 이곳에 선후로 머물렀다. 낙수궁 회랑에는 용모양 초롱과 차이화(彩畵)가 장식 되어 있고 실내 구조는 곤녕궁을 모방하였으며 자금성 내 사르만교의 또 하나의 제사 장 소이다.

Die Leshou-Halle【德文】 Die Leshou-Halle wurde im Jahre 1722 erbaut. Sie diente als Schlafgemach für den Kaiser Qian Long und später für die Kaserinwitwe Ci Xi.

La Salle de la Joie et de la Longévité【法文】 Construite en 1772, la Salle de la Joie et de la Longévité (Leshoutang) est située au centre du Palais de la Tranquillité et de la Longévité. L'empereur Qianlong et l'impératrice douairière Ci Xi y demeurèrent.

Зал Лэшоутан【俄文】 Находится в центральной части района Ниншоугуна и был построен в 1772 г. Здесь прожили император Цяньлун и императрица Цы Си.

Il Palazzo della Gioia e della Longevità【意大利文】 Situato al centro della corte del Palazzo della Quiete e della Longevità, il Palazzo della Gioia e della Longevità fu costruito nel 1772, dove abitavano l'imperatore Qianlong e l'imperatrice Cixi.

Salón de Leshoutang【西文】 Está situado en la Calle de la zona del Palaciod e Ningshougong, se construyó en 1772, el emperador Qianlong y la Emperatriz Cixi vivieron allí.

九龙壁 Nine-Dragon Screen

宁寿宫南侧的皇极门前有一座九龙壁，建于乾隆三十八年（1773年），长29.4米，高3.5米，其正面共由270块琉璃塑块拼砌而成，壁上有九条巨龙，还有山崖、云气和海水。壁上的九龙采用高浮雕手法制成，最高部位高出壁面20厘米，形成强烈的立体感。

In front of the Gate of Imperial Supremacy stands a Nine-Dragon Screen, built in the 38th year during Emperor Qianlong's reign (1773); it is a glazed wall, 29.4 meters long and 3.5 meters high; its front side consists of 270 glazed pieces, painted with nine dragons, plus mountains, clouds and sea. High relief technique was employed in carving dragons, with a maximum of 20 centimeters higher than the screen surface, forming a strong three dimensional appeal.

九竜壁【日文】寧寿宮南側の皇極門の前に九竜壁がある。乾隆38年（1773年）に造られ、長さ29.4メートル、高さ3.5メートルで、その正面は270個の瑠璃瓦で飾られている。壁の上には九匹の巨竜がいて、さらに山崖、雲、海が描かれている。壁の九匹の竜は高い技術で製作された浮き彫りで、最も高いところは壁から20センチも浮き出ていて、強烈な立体感をもつ。

구룡벽【韓文】녕수궁 남쪽의 황극문 앞에 있는 구룡벽은 건륭 38년(1773년)에 건축되었으며 높이 3.5m, 길이 29.4m 로 정면은 모두 270개의 유리조각을 붙혀 만든 것이다. 벽면에는 9 마리의 용이 구름 속에서 웅비하는 형상을 나타내고 있다. 벽면의 9개 용은 부조의 기법으로 만들어 졌는데 제일 높은 부위는 벽면으로부터 20cm나 튀어나와 강렬한 입체감을 주고 있다.

Die Neun-Drachen-Mauer【德文】 Diese 29,4 m lange, 3,5 m hohe Mauer vor dem Huangjimen-Tor und besteht aus 270 glasierten Ziegelsteinen. Sie wurde im Jahre 1773 gebaut. Die Reliefs stellen neun Drachen im Wolkenmeer dar.

Le Mur aux Neuf Dragons【法文】 Le Mur aux Neuf Dragons devant la porte de la Suprématie impériale au sud du Palais de la Tranquillité et de la Longévité (Ningshougong) fut construit en l'An 38 (1773) du règne de l'empereur Qianlong. Il mesure 3,5 mètres de haut sur 29,4 mètres de large. Les motifs que portent les 270 carreaux vernissés de sa face principale composent neuf dragons, des nuages et des vagues. Les neuf dragons sont réalisés en haut-relief. Les points les plus saillants sont de 20 centimètres plus hauts que la surface du mur, donnant une impression de fort relief.

Стена девяти драконов【俄文】 Перед павильоном Хуанцзидянь находится знаменитая Стена девяти драконов, которая была построена в 1773 году. Её высота –3,5 метра, ширина – 29,4 метра. Вся стена сооружена из 270 многоцветных глазурованных кирпичей. На ней выложены 9 разноцветных драконов, горы, камни, облака и морская вода.

Il Jiulongbi (Muro dei Nove Draghi)【意大利文】 Situato davanti alla Porta della Supremazia Imperiale, edificato nel 1773, è alto 3,5 metri e lungo 20,4 metri, rivestito con 270 mattoni di ceramica invetriata. Il motivo raffigurato è costituito dai 9 draghi realizzati in bassorilievo, rupi, nuvole e onde.

Muro de los Nueve Dragones【西文】 Frente a la puerta de Huangji se situa el Muro de los Nueve Dragones, fue construido el 38 año de Qianlong de la dinastía Qing(1773). El muro, de 29,4 metros de ancho y 3,5 metros de alto, está formado por 270 cerámicas policromas barnizadas. Se espulpió en el muro nueve dragones gigantes, acantilado, nubes flotantes y mar. Los dragones fueron grabados en alto relieve, la parte convexa más alto dista veinte centímetros del muro formando una visión estéreoscópico fuerte.

褉赏亭　Xishang Ting (Pavilion for Enjoying the Drinking Festival)
禊賞亭　설상정　Die Pavillons Xieshang　Le Kiosque Xieshang
Беседка Цишантин　I padiglioni Qishangting　Pabellón Xieshang

宁寿宫花园 | Ningshou Gong (Palace of Tranquility and Longevity) Garden

　　宁寿宫花园位于宁寿宫区的北部，乾隆皇帝曾亲自参与花园的设计修建，又称乾隆花园。花园面积很小，只有6000多平方米。整个花园为四进院落，移步换景，别有特色。

Lying in the north of the Palace of Tranquility and Longevity, the garden was designed by Emperor Qianlong, thus also called Qianlong's Garden. Despite a small area of 6,000 square meters, the garden consists of four courtyards, each with unique scenery.

寧寿宮花園【日文】寧寿宮花園は寧寿宮の北部にあり、乾隆帝が自ら花園の設計に関与したため、乾隆花園ともよばれる。花園の面積はとても小さく、6000平方メートルあまりしかない。花園は4つの部分からなり、一歩ごとに違った風景を楽しめ。

녕수궁 화원【韩文】녕수궁 남쪽에 위치해 있으며 건륭제가 화원의 설계와 건축에 직접 참여하여 건륭화원이라고도 불린다. 화원은 면적이 작아 6000여㎡밖에 안된다. 화원에는 설상정(褉賞亭), 벽라정(碧螺亭), 용수정(聳秀亭) 등 누각이 있다.

Der Ningshougong-Blumengarten【德文】 Dieser Blumengarten liegt im Norden des Ningshou-Palastes und nimmt eine Fläche von 6000 Quadratmetern ein. Er wurde auf die Initiative des Kaisers Qian Long angelegt, daher wird er auch Qianlong-Garten bezeichnet. Hier gibt es die drei bekannten Pavillons Xieshang, Songxiu und Biluo.

Le Jardin du Palais de la Tranquillité et de la Longévité【法文】 Ce jardin est situé dans le nord du Palais de la Tranquillité et de la Longévité (Ningshougong). L'empereur Qianlong prit part personnellement à sa conception et à sa construction, c'est pourquoi il est aussi appelé le "Jardin de Qianlong". Il ne couvre que 6 000 mètres carrés de surface. L'ensemble comprend quatre cours l'une derrière l'autre, au paysage différent l'une de l'autre. Chaque édifice comme le Kiosque Xieshang, le Kiosque de l'Elégance frappante (Songxiuting) et le Kiosque de la Conque verte (Biluoting) présente sa propre particularité.

Сад Ниншоугун【俄文】 Сад Ниншоугун находится на север района Ниншоугун. Император Цяньлун сам принял участие в проектировке и строительстве сада. Сад не большой, только занимает более 6000 кв. м. Но беседки и террасы в нем разнообразны.

Il Giardino del Ningshougong (Palazzo della Quiete e della Longevità)【意大利文】 Situato nella parte settentrionale del Palazzo della Quiete e della Longevità, il progetto e la costruzione del giardino furono realizzati con l'intervento personale dall'imperatore Qianlong, per cui era chiamato anche "giardino Qianlong". Con una superficie di 6.000 metri quadrati è costituito da quattro cortili in cui vi sono scenari diversi l'uno dall'altro. Vi sono inoltre terrazze, padiglioni e sale fra cui i padiglioni Xieshang, Songxiu, Biluo, ognuno con un particolare che lo distingue dagli altri.

Parque del Palacio Ningshou【西文】 Este parque está ubicado al norte del Palacio Ningshou, el emperador Qianlong participó en el diseño y la construcción del parque, por eso también se llama parque Qianlong. Ese parque tiene alrededor de 6.000 metros cuadrados de superficie. Cuenta con cuatro patios, quioscos, edificios aparecen, por ejemplo los pabellones Xieshang, Songxiu y Biluo etc. Cualquier tiene su crácter especial.

畅音阁 | Changyin Ge (Pavilion of Flowing Music)

位于乾隆花园东侧的畅音阁为紫禁城内最大的戏台，分为上中下三层，上层称"福台"、中层称"禄台"、下层称"寿台"，后台有木梯连接三层。

Pavilion of Flowing Music is the largest stage located to the east of Qianlong's Garden, which consists of three floors, with the top floor named Happiness Stage, middle floor named Fortune Stage, and bottom floor named Longevity Stage. The three floors are connected by a wooden ladder backstage.

暢音閣【日文】乾隆花園の東側にある暢音閣は、紫禁城最大の戲台(芝居の舞台)で、上中下の三階からなり、上階を「福台」、中階を「禄台」、下階を「寿台」という。台の後方に木のはしご段があり、3つの階をつないでいる。

창음각【韓文】건륭화원의 동쪽에 위치해 있으며 자금성에서 가장 큰 연극 무대이다. 총 3층으로 구성되었는데 윗 층은 "복대(福臺)", 가운데 층은 "녹대(祿臺)", 아래 층은 "수대(壽臺)" 라고 불르며 무대의 뒷면은 나무 층계로 3층까지 연결하고 있다.

Changyinge【德文】 Es handelt sich dabei um das größte Theater im Kaiserpalast. Es befindet sich an der östlichen Seite des Qianlong-Gartens. Dieses Theater besteht aus drei Bühnen je mit dem Namen Futai, Lütai und Shoutai, die durch Holzleiter miteinander verbunden sind. Hier wurden auch Stücke der Peking-Oper aufgeführt.

Le Pavillon du Chant retentissant【法文】 Le Pavillon du Chant retentissant (Changyinge), situé à l'est du Jardin de Qianlong, est le plus grand théâtre de la Cité interdite. Il s'agit d'un théâtre à deux étages dont l'étage supérieur est appelé l'étage du Bonheur (Futai), dont l'étage intermédiaire, étage des Emoluments (Lutai) et dont la terrasse du rez-de-chaussée, scène de la Longévité (Shoutai). A l'arrière-scène, une échelle de bois donne accès aux trois niveaux. La scène de la Longévité possède une ouverture supérieure et une ouverture inférieure, permettant la montée et la descente aux acteurs et la manutention des accessoires lors des représentations.

Павильон【俄文】 Чанъиньгэ на востоке сада Ниншоугун является самой большой сценой в Запретном городе. Она разделяется на три этажа. Третий этаж называется Футай (сцена счастья), второй этаж – Лутай (сцена карьеры), первый этаж – Шоутай (сцена долголетия).

Il Changyinge (padiglione dei Suoni Piacevoli)【意大利文】 Nella parte orientale del giardino Qianlong si erge imponente il Changyinge, struttura con un palcoscenico a tre piani: il piano superiore è detto "futai", quello centrale è il "lutai", quello inferiore è "shoutai". Una scala di legno permette di accedere alla terrazza posteriore. Nel piano "shoutai" si trova un' apertura nel soffito da cui, durante gli spettacoli si passavano gli accessori da teatro e vi passavano gli stessi attori. Il Changyinge è il più grande teatro all'interno della Città Proibita.

Pabellón Changyin(Cantar a gusto)【西文】 Ese Pabellón bicado al este del parque Qialong es el más grande de la Ciudad Prohibida, se divide en tres pisos, el más arriba es Escenaio Fu(de suerte), el medio es Escenario Lu(de retribución), el más abajo es Escenario Shou(de lonvegidad). Cuenta con escaleras de madera para conectar los tres pisos detrás del escenario.

内廷篇

INNER COURT

89

紫禁城

珍妃井 Zhen Fei Well

① 珍妃像 Zhen Fei 珍妃肖像 진비상 Bildnis der Konkubine Zhen Portrait de la favorite Zhen Портрет Чжэньфэй Il ritratto della concubina Zhen Retrato de Zhenfei

② 光绪皇帝像 A portrait of Emperor Guangxu 光緒帝肖像 광서제상 Portrait de l'empereur Guangxu Portrait von dem Kaiser Guang Xu Портрет императора Гуансю Il ritratto dell'imperatore Guangxu Retrato del emperador Guangxu

③ 慈禧太后像 A portrait of Empress Dowager Cixi 西太后肖像 자희태후상 Bildnis der Kaiserinwitew Ci Xi Portrait de l'impératrice douairière Портрет императрицы Цы Си Il ritratto dell'imperatrice Cixi Retrato de la emmperatriz CiXi

宁寿宫花园尽头的景祺阁外有一口非常著名的井,称为 "珍妃井"。珍妃为光绪皇帝的宠妃,1900年,八国联军攻入北京前,慈禧太后带光绪皇帝西逃前,命太监将珍妃推入此井内淹死,此后这口井被称为 "珍妃井"。

In the north end of Ningshou Gong Garden stands Jingqi Ge (Pavilion of Scenery and Luckiness), outside of which lies a famous well, named Zhen Fei Well. Zhen Fei (Concubine Pearl) was Emperor Guangxu's favorite concubine. In 1990 when the Eight-Power Allied Forces came near Beijing, Cixi prepared to flee away from the court with Emperor Guangxu; yet before leaving, Cixi ordered to drown Zhen Fei; thus later this well gained its name.

珍妃井【日文】寧寿宮花園の後方にある景祺閣の外には、「珍妃井」という非常に有名な井戸がある。珍妃は光緒帝の寵妃で、1900年、八カ国連合軍の北京侵入の前、西太后が光緒帝をつれて西に逃げるときに、宦官に命じて珍妃を井戸にほうり込み、溺れ死なせたため、この井戸は「珍妃井」と呼ばれている。

진비정【韓文】녕수궁화원의 끝에 위치한 경기각(景祺閣) 밖에는 '진비정(珍妃井)'이라고 하는 아주 유명한 우물이 있다. 진비는 광서제가 총애하는 왕비이다. 1900년 8국 연합군이 북경을 공략시 자희태후는 광서제를 이끌고 서쪽으로 도주하였는데 도주하기전 내시에게 명을 내려 진비를 이 우물에 투신하게 하였다.

Zhenfei-Brunnen【德文】 Der Zhenfei-Brunnen liegt in der Nähe des Jingqi-Pavillons innerhalb des Qianlong-Gartens. Im Jahre 1900 drangen die alliierten Truppen der acht Mächte in Beijing ein. Die Kaiserinwitwe Ci Xi musste mit ihrer Begleitung die Flucht ergreifen und befahl zuvor Eunuchen, die Konkubine Zhen in diesen Brunnen zu werfen.

Le Puits de la favorite zhen【法文】 Le Puits de la favorite Zhen se trouve en dehors du pavillon Jingqi à l'extrémité nord du Jardin du Palais de la Tranquillité et de la Longévité. Quand les Forces coalisées des Huit Puissances envahissaient Beijing en juillet 1900, l'impératrice douairière Ci Xi fit pousser la favorite Zhen dans ce puits avant de s'enfuir avec l'empereur Guangxu vers l'Ouest, d'où son nom.

Колодец Чжэньфэй【俄文】 Находится около терема Цзинцигэ на севере сада Ниншоугун колодец Чжэньфэй. Чжэньфэй – самая любимая наложница императора Гуансю. В 1900 году в стране вызревает небезызвестная – по словам Ленина – «революционная ситуация». Перепуганной Цы Си приходится спешно уносить ноги в Сиань. На ходу она отдает приказание бросить Чжэньфэй в колодец. С тех пор колодец носит название «Колодец Чжэньфэй».

Il pozzo della concubina Zhen【意大利文】 Nel cortile posteriore del complesso della Sala del Tesoro (Jingqige) si trova il "pozzo della concubina Zhen", la preferita dell'imperatore Guangxu. Nel 1900, le truppe alleate entrarono a Pechino e prima di fuggire, l'imperatrice Cixi ordinò che la giovane Zhen fosse gettata nel pozzo dietro al padiglione Jingqi.

Pozo de Zhenfei【西文】 Detrás del Pabellón Jingqi que está al final del parque Ningshou se encuentra un pozo conocido como "Pozo de Zhenfei". La concubina Zhenfei fue la favorita de Guangxu. Las ocho alianzas extranjeras invadieron a Beijing en 1900, antes de huir, la emperatriz Cixi mandó que lanzasen a Zhenfei al pozo, por eso fue bautizado "Pozo de Zhenfei".

故宫珍藏的文物 | Historical Relics in the Forbidden City

　　故宫内收藏了许多珍贵的文物，其中包括陶瓷器、金银器、珐琅器、玉器、书画、服饰等，种类繁多，数量巨大，其文物总数达百万余件。

　　The Forbidden City has a rich collection of historical relics of various kinds and in large quantity from the china wares, gold and silver wares, and enamel wares to jade wares, calligraphy and paintings, as well as dresses and personal adornments, with a total amount of about one million pieces.

故宮所蔵の文化財【日文】故宮は数多くの貴重な文化財を所蔵している。そのなかでも陶磁器、珐瑯器、玉器、書画、服飾品などの種類が多く、その数量は数百万点に上る。

고궁에 보관되어 있는 진귀한 문물【韩文】고궁에는 많은 진귀한 문물이 보관되어 있다. 도자기, 금은그릇, 유리그릇, 옥그릇, 그림과 글, 복장 등 그 문물은 종류가 다양하고 량이 방대하여 수량이 무려 백만 여 건에 달한다고 한다.

Kostbare Kulturgegenstände im Kaiserpalast 【德文】 Im Kaiserpalast werden über eine Million Kulturgegenstände aufbewahrt, darunter Porzellanwaren, Kunstswerke aus Gold und Silber, Emaille und Jade, Malereien und kalligrafische Werke sowie Kleider und Schmuckwaren.

La Salle d'exposition des horloges 【法文】 Dans le Palais impérial sont conservés de nombreuses antiquités telles que les poteries, les porcelaines, les orfèvreries, les cloisonnés, les jades, les livres, les peintures, les vêtements et les bijoux, totalisant des millions de pièces.

Культурные ценности, хранимые в Запретном городе 【俄文】 В Запретном городе хранится большое количество культурных ценностей. Это фарфор, золотые и серебряные изделия, эмали, нефритовые изделия, каллиграфические произведения, живописи, наряды и т. д. Всего насчитывается миллион штук.

Gli oggetti archeologici preziosi conservati nel Palazzo Imperiale 【意大利文】 Il Palazzo Imperiale ha conservato un gran numero di oggetti archeologici preziosi che includono porcellane e terracotte, antichi pezzi di giada, pitture e calligrafie e libri, oggetti e vasi smaltati e oggetti laccati, in oro, argento, di bambù, di legno e un gran numero di capi d'abbigliamento. La collezione del museo ha superato un milione di pezzi.

Las Obras guardadas en el Palacio Imperial 【西文】 Se coleccionan una gran cantidad de reliquias preciosas en el Museo del Palacio Imperial, incluyendo artículos de cerámica, de oro y de plata, de esmalta, de jade, pinturas y caligrafías, vestidos etc. La suma total llega a un millón.

91

The Night Revels of Han Xizai, by Gu Hong-zhong, from the Five Dynasties
『韓熙載夜宴図（五代·顧閎中）』
《한희재 야연도》 (오대)
„Han Xizai bewirtet mit einem Bankett bei Nacht seine Freunde" (ein Gemälde von Gu Hongzhong aus der Zeit der Fünf Dynastien)
Han Xizai festinant ses convives dans la nuit (Gu Hongzhong, Cinq Dynasties)
«Вечерний банкет у Хань Сицзая» (Гу Хунчжун, эпоха Пяти династий)
«Han Xu al banchetto notturno» (Gu Hongzhong delle Cinque Dinastie
Banquete de Han Xizai (Gu Hongzhong, de Cinco Dinastías)

珍珠女朝帽（清）
A Formal Hat Inlaid Peals from the Qing Dynasty
真珠の皇后の冠（清代）
진주로 만든 여성용 조례용 모자(청)
Eine Phönixkrone, mit Perlen verziert (Qing-Dynastie)
Bonnet féminin porté lors de l'audience impériale (Qing)
Женская шапка из жемчуга (династия Цин)
Cappello decorato con perle della funzionaria della dinastia Qing
Gorra femenina de perla(dinastía Qing)

嵌宝"金瓯永固"金杯（清）
A Qing Dynasty "Jin'ou Solidity" Gold Cup
「金瓯永固」杯（清代）
금구영고배(청)
„Jin Ou Yong Gu" (Qing-Dynastie)
La coupe "Jin'ou Yonggu" (Qing)
Бокал Цзиньоуюнгу (вечное укрепление бокала)(династия Цин)
Coppa 《Jin ou yong gu》 della dinastia Qing
Vaso "Jin'ou Yonggu" (dinastía Qing)

金錾花高足白玉藏文盖碗（清）
A Qing Dynasty Jade Bowl
金刻高足白玉チベット文字入り蓋碗（清代）
백옥으로 만든 금잔화 무늬와 티벳 글자가 쓰여져 있는 그릇(청)
Eine kelchfömige Schüssel mit Decke aus weißem Jade, mit Goldenblumen eingelegt (Qing-Dynastie)
Bol à couvercle et à haut pied en jade blanc incrusté de dessins d'or (Qing)
Чашка с крышкой из белого нефрита (династия Цин)
Una ciottola con coperchio di giada con iscrizioni e fiori dorati della dinastia Qing
Tazón con tapa de jade blanco escrito por carácter tibetano(dinastía Qing)

黄地开光粉彩山水人
A Qing Dynasty Color
黄地開光粉彩山水
산수인물화 도안있
Buntbemalte viereckig
Théière carrée décoré
peints sur un fond jau
Четырехугольный ча
фигур (династия Цин
Una teiera con figure
della dinastia Qing
Tetera cuadrada con figure
(dinastía Qing)

《步辇图》卷（唐·阎立本）
The Sedan Chair (partial) by Tang Imperial Painter Yan Liben
『步輦図（唐代·閻立本）』
《보년도》 (당 염립본)
„Der Tang-Kaiser Li Shimin empfängt Gesandte des Tufan-Reiches" (ein Gemälde von Yan Liben aus der Tang-Dynastie)
Empereur assis dans la voiture à bras (Yan Liben, Tang)
«Императорский паланкин» (Ян Либэнь, династия Тан)
"Bu Nian Tu" (Yan Liben della dinastia Tang)
Bu Nian Tu(Yan Liben, de la dinastía Tang)

掐丝珐琅仿古天鸡尊（清）
A Qing Dynasty Wiry Enamel Zun (Wine Vessel)
象嵌珐瑯倣古天鶏尊（清代）
고대 봉황을 모방하여 만든 경태란존(청)
Zun-Weingwefäß, mit Emaillefiligran eingelegt (eine Imitation aus der Qing-Dynastie)
Vase à vin en cloisonné (Qing)
Медная ваза в форме петуха, украшенная эмалью (династия Цин)
Una riproduzione dell'antico Zun di smalto della dinastia Qing
Taza de vino de gallo de esmalte(dinastía Qing)

龙泉窑刻山水纹花口碗（元）
A Yuan Dynasty Bowl
龍泉窯刻山水紋花口碗（元代）
산수화 도안이 새겨져 있고 아구리가 꽃모양으로 생긴 용천요 그릇(원)
Schüssel mit geschnitzten Mustern (Longquan-Porzellan aus der Yuan-Dynastie)
Bol décoré de paysages ciselés au bord cuit dans le four de Longquan (Yuan)
Чаша в форме лотоса с узорами горными и речными, обоженная в печи Лунцюаньяо (династия Юань)
Una ciottola con i desegni di monte e d'acqua del forno Longquan della dinastia Yuan
Tazón hecho en la Fábrica de Longquan(dinastía de Yuan)

壶（清）
oot
方茶壶（清代）
(청)
(Qing-Dynastie)
es et de personnages
нами горы, реки и
di monte e d'acqua
rsonaje y paisaje

珐琅彩烹茶纹壶(清)
A Qing Dynasty Enamel Tea Pot
琺瑯彩烹茶紋壺（清代）
차를 끓이는 채색 무늬 법낭 주전자(청)
Buntbemalte Emailleteekanne (Qing-Dynastie)
Pot décoré de motifs avec pour thème l'infusion du thé en cloisonné (Qing)
Цветной эмалевой чайник (династия Цин)
Una teiera di smalto con figuri di fiori della dinastia Qing
Tetera de esmalte (dinastía Qing)

画珐琅唾盂(清)
A Qing Dynasty Painted Enamel Saliva Container
琺瑯痰壺（清代）
화 법낭탁우(청)
Emaillespucknapf mit bemalten Mustern (Qing-Dynastie)
Crachoir en émail cloisonné (Qing)
Эмалевая плевательница (династия Цин)
Una sputacchiera di smalto della dinastia Qing
Tuoyu de esmalte (dinastía Qing)

莲花形玉杯(唐) A Tang Dynasty Jade Cup 蓮花形
玉杯（唐代） 연꽃모양 옥술잔(당) Weinbecher
aus Jade in Form einer Lotosblume (Tang-Dynastie)
Tasse de jade en forme de fleur de lotus (Tang)
Нефритовая чашка в виде лотоса (династия Тан)
Una tazza di giada in forma del fiore di loto della dinastia Tang Vaso de Jade de Loto(dinastía Tang)

桂月金挂屏(清)
A Qing Dynasty Hanging Panel
桂月金掛屏風（清代）
금으로 만든 계월 벽장식(청)
Bemalter Wandbehang aus Gold (Qing-Dynastie)
Panneau décoratif à motifs d'osmanthe et de lune en or (Qing)
Подвесная ширма с золотой луной и османтусом душистым (династия Цин)
Paravento con disegno di luna e di allora d'oro della dinastia Qing
Biombo Colgante de oro(dinastía Qing)

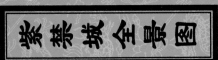

紫禁城全景图

A panoramic view of the Forbidden City

未开放区域 the unopened area
开放区域 the open area

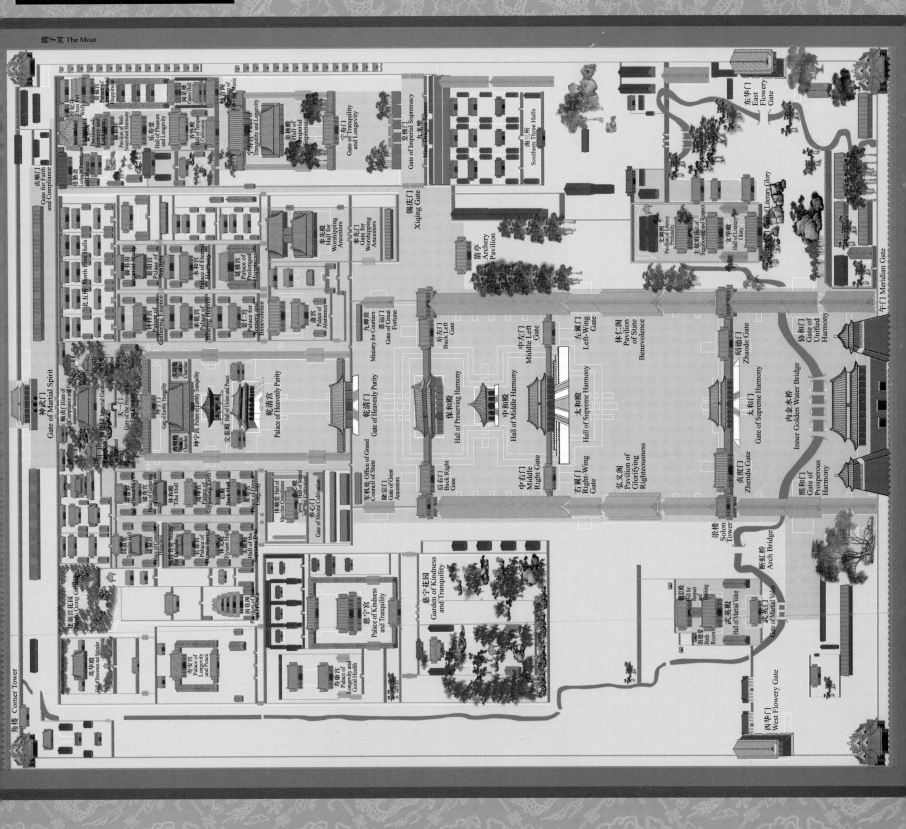

护子河 The Moat

角楼 Corner Tower

西华门 West Flowery Gate

神武门 Gate of Martial Spirit

午门 Meridian Gate

东华门 East Flowery Gate